MANAGEMENT DEVELOPMENT | 経営教育研究

経営教育の新機軸

New Directions of Management Education

日本経営教育学会編

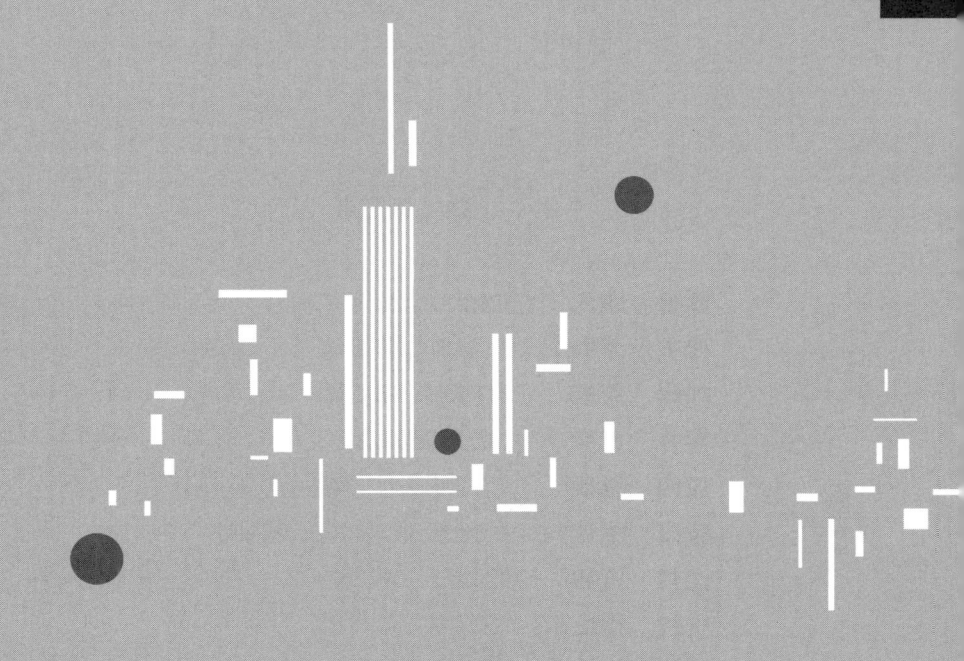

VOL 10

学文社

執　筆　者

飯冨　順久　　和光大学（第1章）
松本　芳男　　日本大学（第2章）
加藤　茂夫　　専修大学（第3章）
櫻井　克彦　　中京大学（第4章）
佐伯　雅哉®　産業能率大学（第5章）
柴田　幸穂®　長崎大学大学院博士後期課程（第6章）
辻村　宏和®　中部大学（第7章）
中村　秋生®　共栄大学（第8章）
澤井　雅明®　広島大学大学院博士後期課程（第9章）

（執筆者順，®は査読論文）

経営教育の新機軸

経営教育の新機軸

目　次

1　経営者の倫理と経営教育　1
　はじめに　1
　1　取締役における監督機能の検討　2
　　1.1　CRとコーポレート・ガバナンス……2/1.2　コンプライアンス・マネジメントの重要性……5/1.3　自律性確保と内部告発……8/1.4　公益通報者保護法の意義……9
　2　コンプライアンス教育の実践　11
　　2.1　コンプライアンス教育の視点……11/2.2　コンプライアンス教育の特徴……12/2.3　コンプライアンス教育のステップと内容……12
　3　課題と展望　14

2　経営教育の新たな地平　19
　はじめに　19
　1　近代産業社会を支えた価値観の変化と個人の価値観・意識　21
　2　組織の基軸価値と組織モデル　23
　3　個人と組織の関わり方　25
　4　教育の職業的レリバンスの重要性　27
　5　キャリア教育と経営教育のリンケージ　30
　　むすび　32

3　ベンチャー企業の組織戦略とバルーン型組織
　　──日本におけるベンチャー企業実態調査を中心に──　39
　はじめに　39
　1　調査の概要　40
　　1.1　調査対象企業……40/1.2　調査項目……40

2　組織革新についての考え方　　　　　　　　　　　　　　　　41
　　　　2.1　企業組織改編について……41／2.2　組織の構造と機能……44
　　3　ベンチャー企業とベンチャースピリット　　　　　　　　　　46
　　　　3.1　企業を成功に導く要因—ベンチャースピリット……46／3.2　ベンチャー企業とは何か……48
　　4　バルーン型組織　　　　　　　　　　　　　　　　　　　　　51

4　現代の企業と企業体制論的接近
　　——企業社会責任および企業統治に関連して——　　　　　　　57
　　はじめに　　　　　　　　　　　　　　　　　　　　　　　　　57
　　1　現代の社会経済　　　　　　　　　　　　　　　　　　　　　58
　　　　1.1　社会経済の潮流……58／1.2　企業社会責任・企業統治問題の展開……61
　　2　企業社会責任・企業統治問題の今日的動向と課題　　　　　　63
　　　　2.1　企業社会責任・企業統治問題の今日的動向……63／2.2　企業社会責任・企業統治問題の課題……67
　　3　現代の企業体制　　　　　　　　　　　　　　　　　　　　　70
　　　　3.1　企業の発展動向……70／3.2　企業の根本目標としての企業維持……74
　　4　企業体制論的接近の意義　　　　　　　　　　　　　　　　　78

5　マネジメント教育における認識論的研究の有用性®
　　——学的研究は経営教育の実践性をいかに支えるか——　　　81
　　はじめに　　　　　　　　　　　　　　　　　　　　　　　　　81
　　1　ミドル・マネジメントの位置づけ　　　　　　　　　　　　　82
　　2　研修プログラムの流れ（その1）　　　　　　　　　　　　　83
　　3　課題形成のための思考手順　　　　　　　　　　　　　　　　86
　　4　研修プログラムの流れ（その2）　　　　　　　　　　　　　87
　　5　「認識枠組みモデル」による考察　　　　　　　　　　　　　91

　　　　　　　　　　　　　　　　　　　　　　　　目　次　v

　　6　受講者の共感度による理論の妥当性評価　　　　　　　93
　　　まとめ　　　　　　　　　　　　　　　　　　　　　　95

6　学校におけるマネジメント®
　　──公立高校における実践的取り組み──　　　　　　　99
　　はじめに─分析アプローチ　　　　　　　　　　　　　　99
　1　構造面の変革　　　　　　　　　　　　　　　　　　　100
　　1.1　組織構造……100/1.2　分掌の再編と人員配置……102
　2　行動面の変革　　　　　　　　　　　　　　　　　　　104
　　2.1　ミドルアップダウン・マネジメント……104/2.2　FD……105
　3　分析と成果　　　　　　　　　　　　　　　　　　　　110
　　3.1　負担度・満足度・注力度による分析……110/3.2　順位相関と符号分析……112
　　おわりに─残された課題─　　　　　　　　　　　　　116

7　経営教育学序説®　　　　　　　　　　　　　　　　　121
　　はじめに：問題提起　　　　　　　　　　　　　　　　121
　1　再考：帰納的推論　　　　　　　　　　　　　　　　　122
　2　再発見：個別事例研究の有効性　　　　　　　　　　　124
　　2.1　歴史学との相似性……124/2.2　経営手腕の特異性と個別事例研究……126/2.3　個別事例研究と価値妥当性……129
　3　再考：演繹的推論　　　　　　　　　　　　　　　　　130
　　3.1　演繹的推論の制約……130/3.2　「分析 → 総合」ではなく「総合 → 総合」方式……132
　　むすび　134

8　組織における道徳的罠®　　　　　　　　　　　　　　139
　　はじめに　　　　　　　　　　　　　　　　　　　　　139
　1　論議の前提　　　　　　　　　　　　　　　　　　　　140

1.1　道徳と倫理：用語法の確認……140/1.2　善良なる人の悪行：問題の視座……142
　2　組織における道徳的罠　　　　　　　　　　　　　　　　　　　143
　　　2.1　無自覚の罠……144/2.2　グレイゾーンの罠……144/2.3　道徳的ジレンマの罠……145/2.4　組織忠誠心の罠……146/2.5　誘惑とプレッシャーの罠……148/2.6　手段の罠……149
　　　むすび：今後の課題　　　　　　　　　　　　　　　　　　　　150

9　コンピュータ産業における組織間関係の維持に関する研究[®]　155
　はじめに　　　　　　　　　　　　　　　　　　　　　　　　　　155
　1　コンピュータ産業における組織間関係維持のパワー資源の変遷　157
　2　先行研究のレビューと分析フレームワークの設定　　　　　　　159
　3　事例研究　　　　　　　　　　　　　　　　　　　　　　　　　162
　　　3.1　A銀行におけるATM更新事例……162/3.2　化学製造業B社における基幹システム更新事例……164
　4　発見事実と評価　　　　　　　　　　　　　　　　　　　　　　166
　　　4.1　既売り手が受注できた要因……166/4.2　今後のさらなる実証研究に向けた新たな分析フレームワークの検討……168
　　　おわりに　　　　　　　　　　　　　　　　　　　　　　　　　170

1 経営者の倫理と経営教育

飫冨　順久

キーワード
CR　社外取締役　コンプライアンス・マネジメント　内部通報制度　コンプラアンス教育

はじめに

　最近の社会の関心事は，格差是正問題（経済・地域・教育・福祉など）や教育再生問題（教育改革等）などにあり，いっこうに減少しないモラル・ハザードに関する不祥事は忘れかけられている。

　2000年から2007年にかけての主な不祥事の特徴は，第一に安心・安全に関わる事件が多発していること，しかも，同じ企業ないし類似企業であること。たとえば，雪印グループ・不二家にみられるように悪質な衛生管理不徹底事件，東電のデータ改ざん事件や三菱の車のリコール隠し事件などである。第二はコンプライアンスの欠如や監視機構の無機能化に起因すると思われる事件，たとえばカネボウの粉飾決算事件や日興コーディアル不正会計処理（改ざん）事件，大手ゼネコンによる談合事件（官製談合事件を含む）などがある。

　昨年来よりCSR（Corporate Social Responsibility）やコーポレート・ガバ

ナンスに関する研究や提言は各分野・各種機関からなされており一定の成果が出ていると思われていた。しかしながら，あとを絶たない類似な事件の発生はどこにその原因があるのだろうか？　奥村宏は企業の肥大化・拡大化にその主因があると指摘する（奥付，2004）。

具体的に第一に東電，大手ゼネコンや三菱ふそうなどにみられるように同企業，類似業界において繰り返し生じていること。このことは，それぞれの企業の企業風土や企業体質が問題であることを示している。第二は雪印・不二家や証券会社にみられるようにコンプライアンス欠如によるものが多いこと。第一の理由も第二の理由も相互に関係しており明確に区分できるものではないが，いずれもことの重大性を認識しておらず利益優先の企業体質が根底にあると考えられる。

そして，たいてい事件の結末は，社長が引責辞任しその後，外部の有識者を含めた調査委員会や改革委員会・再生委員会など原因追及と再発防止のための委員会が発足する。この間，企業の業績は悪化し，時には倒産の憂き目に遭う。

究極の原因には経営者の倫理観の欠如や内部統制の不徹底などが考えられる。再発防止の提案は後に言及することとし，本稿は，こうした問題意識を前提にその一策を経営者・管理者の経営教育にあると考え論及したい。

1　取締役における監督機能の検討
1.1　CRとコーポレート・ガバナンス

2006年までは CSR や SRI（Socially Responsible Investment）を巡る議論が活発に行われてきた。しかし，近頃では加えて CR（Corporate Responsibility）＝「責任ある企業経営」の気運が高まってきている。

欧米のCSR最近事情によると，「CSRとガバナンスの統合によってCRと言うべき新たな潮流ができ，さらに非財務情報の開示規制がCSR報告を大きくフローさせつつある。グローバルな責任意識において日本企業は遅れを取る」（海野，2005：54）と言われている。

わが国におけるコーポレート・ガバナンスの意味はアメリカと違い，株主や一部の機関投資家のためだけではなく，ステイクホルダーとの関係や健全な企業経営のための意思決定構造や監視システムを含むものとして理解されている。

一方，CSRは「企業と社会の信頼関係を保持する」内容を包含しており，法的責任，経済的責任，倫理的責任，社会貢献的責任の領域があり，現在の主な課題として環境問題，不正支出や粉飾決算問題，地域貢献問題などが俎上にあがっている。

企業行動に直接影響することに，商法の改正がある。わが国の商法は，明治32（1899）年施行以来何度か改正されてきている。とくに，平成に入り5年，6年，9年，11年，12年，13年には3回も改正し，14年，15年，16年，そして17年に会社法が制定された。改正の意図にはさまざまな背景があるが近年の改正のひとつにコーポレート・ガバナンスの確立があるといわれている。

2006年5月に施行された会社法の主な内容は「有限会社と株式会社の統合」，「最低資本金制度の撤廃」，「株主に対する利益還元制度の見直し」，「取締役の責任に関する規定の見直し」，「会計参与制度の創設」，「企業組織再編成制度の柔軟化」「合同会社制度の創設」などである。本稿では取締役，とくに外部取締役について論じてみたい。

取締役について会社法では，第314条「取締役等の説明責任」，第327条「取締役等の設置義務等」，第332条「取締役の任期」，第342条「累積投票による取締役の選任」，第347条「種類株主総会における取締役又は監査役の選任など」及び第4節取締役，第348条「業務執行」から第361条「取締役の報酬等」第5節取締役会（第362条から第373条）に記載されている。

新法では大会社，公開会社によって機関設計に違いがありその適用範囲も異なる。また，機関設計の多様化・柔軟化により一定の要件を満たせば取締役会，三委員会の機関は一定のルールの下で任意に設置でき，取締役の員数は1名（非公開会社，取締役会を設置する場合は3名以上），そして任期は

原則として2年であるが非公開会社は最長で10年も可能となっている（委員会等設置会社は1年）。

取締役の責任については，原則として過失責任となり若干軽くなったとする見解と厳しい責任が課せられているとする意見に分かれる。改正前は違法配当，違法な利益供与，利益相反取引については無過失責任（不注意やミスなどの過失がなくとも責任を負う）が適用されたが会社法では法令・定款違反を含めすべて過失責任となった。しかし，実際に利益供与をした者，自己のために直接会社と利益相反取引をした者は無過失責任が問われる。

次に社外取締役の課題であるが，社外取締役の定義は会社法第2条（定義）第15項「株式会社の取締役であって，当該株式会社又はその子会社の業務執行取締役（株式会社の第363条第1項各号に掲げる取締役及び当該株式会社の業務をしたその他の取締役をいう。以下同じ。）若しくは執行役又は支配人その他の使用人でなく，かつ，過去に当該株式会社又はその子会社の業務執行取締役若しくは執行役又は支配人その他の使用人となったことがないものをいう」すなわち，外部とは，業務上当該企業または子会社の業務執行取締役もしくは執行役または支配人になったことのないことをさす。社外取締役は独立取締役（independent director），利害関係のない取締役といった内容として理解できる（川口，2004：31）。

通常，株主総会において取締役と監査役が選任され，取締役会が代表取締役社長を選任する仕組みになっている，したがって株主ないし株主総会が取締役会を監視し，取締役会が代表取締役を監視することになる。問題は，①株主総会，取締役会および監査役会の形骸化であり，②代表取締役への権力集中構造であり，③公開大会社の場合には株主が多数になり適切な監督が不可能になりやすく，④社内取締役は独立性が確保されにくく監督や監査が不適切な場合がある。

とくに株主総会において，大半の議決は，委任状によってその議長（代表取締役社長）に決定権を委ねてしまう。その結果，取締役など会社の最高人事権は社長に掌握されてしまい，社長と意思が通じている側近が取締役に就

任するため，社長の行動を支援することがあっても，監視の機関にはなりえないのが実情である。そもそも外部から取締役ないし監査役を導入する目的は，社内の取締役・社内監査役による監督・監査機関が十分機能しなくなっているために，外部から公正（公正の確保）・公平なチェックそして効率性の増進を期待すること，外部からの意見を取り入れ，経営の透明性を高めることなどであると考えられる。

平成14（2002）年の商法改正の重要点は，委員会等設置会社制度を採用するか従来の監査役制度のままでいくか選択できる「公開大会社」の制度である。すなわち，委員会等設置会社を選択した場合には監査委員会，指名委員会，報酬委員会を設置し，経営者層の中に監視・監督機能を内在せしめるものであり，従来の監査役の機能である適法性を監査委員会の監査にするかあるいは監査役の監査にするか，そのどちらかの二者択一を迫るものである。監査委員会による監視・監督機能と監査役による監査の機能の明確な違いとその任命される人物の適確性に問題がある（小林，2007：85）。

さて，外部取締役に関しては次の課題が残る。第一点は，外部者の範囲と独立性の確保である。当該企業や子会社の業務にいっさい関係しておらず，また過去にも全く関係したことがない人物であっても，社長など他の取締役と親しい関係にあり外部者は建前であって，内部者と同様である場合には独立性が問題になる。第二は，内部情報にも精通しており，企業の健全性を確保することができる人物の任用の問題である。委員会等設置会社を選択した場合には監査委員会，指名委員会，報酬委員会の委員のうち過半数を社外取締役で構成しなくてはならず適確者の確保が課題になろう（小林，2007：3-5）。

1.2　コンプライアンス・マネジメントの重要性

コンプライアンス（compliance）とは，一般的に法令遵守と解されて法規範の遵守を意味する。しかしその内容は，今日，とくに1990年以降不祥事の多発などにより領域が拡大され，社内規則（行動基準），業界による自主行動基準（業界の自主ルール）さらに企業倫理，経営理念など広く社会常

識やきまりなども入るようになった（大塚・滝川・藤田，2004）。その背景には，「もともと，コンプライアンスという言葉は要求・期待に応えるといった意味をもっている。したがって企業は社会の一員であることから，単にシェアホルダーズ（shareholders＝株主）に限らず，社会を構成する様々なステイクホルダーズ（stakeholders），消費者〔顧客〕，取引先，投資家〔株主・債権者〕，従業員，地域社会，NGO，政府などの要求・期待に応える責務がある」（国民生活局国民生活審議会，2002）。

また，「会社が労働基準法に関連した従業員の責務を記述した方針を就業規則として策定し，従業員に伝達して，その遵守を促す行為は，当然にコンプライアンスの範疇に入る行為である」（KPMG ビジネスアシュアランス株式会社，2003：11）。以上の点から，企業は関係法規を守るとともに社会規範（基準）を遵守すること。すなわち，法規などはいかなる場合にも守らなくてはならず，怠った場合には罰則規定が適用されるが，企業倫理・経営理念などは各企業によって作り上げられる，いわば任意基準である。しかし企業は法規のみをは遵守するのではなく，社会基準も遵守することをマネジメントに内在せしめることを期待されている。

この意味では，近年の不祥事はコンプライアンス・マネジメント不在の結果ともいえる。

さて次に，①コンプライアンス体制の構築について，②コンプライアンス・プログラムの実践と課題について論じてみたい。

（1）　コンプライアンス体制の構築

アメリカの代表的なコンプライアンスである1991年施行（1989年成立）の「連邦量刑ガイドライン」を挙げることができる。このガイドラインはすでに各機関などで紹介されているが，成立の背景には1970年代後半より発覚したウォーターゲート事件，DC スキャンダル，ロッキード事件などがある。

ここでは，ガイドライン主要点のみを整理してみたい。高巌らは連邦量刑

ガイドラインの一般原理として次の4点を上げている（高・ドナルドソン，2003：311-312）。第一は，不正行為によって引き起こされる損害は弁償されなければならない。第二は，実質的には違法な目的を遂行するための組織であれば，全財産を没収するだけの「懲罰的賠償」を科すること。第三は，これ以外の組織に対する懲罰的賠償が「基準罰金額」と「有罪点数」とを掛け合わせて算出されること。第四は，懲罰的賠償以外の制裁が加えられなければならない時，あるいは将来の犯罪行為の可能性をなくす上で何らかの取り組みが不可欠とされる場合，「保護観察」が適切な刑として組織に言い渡されること。

日本では日本経済団体連合会が制定している「企業行動憲章」（1991年9月制定，1996年12月改定，2002年10月改定，2004年5月改定）は相次ぐ不祥事の再発防止・不祥事発生後の対応を明確にし，とくにトップの姿勢の重要性を強調している。さらに2002年の改定では「実行の手引き（第三版）」を公表し違反した会員企業に対して厳しい制裁措置をとることとしている。[1]

東京商工会議所は2002年12月「企業行動規範」を公表している。ここでは，相次ぐ不祥事の対応策は大企業のコンプライアンスだけを問題にするのではなく全企業の問題として取り組む必要性があることを明らかにしている。[2]

その他，経済同友会の第15回企業白書『「市場の進化」と社会的責任経営―企業の信頼構築と持続的な価値創造に向けて―』などいくつかの規定が公表されている。

（2） コンプライアンス・プログラムの実践と課題

コンプライアンス・プログラムについてもすでにいくつかの提案がなされている。近年，名称はコンプライアンス・マニュアル，行動規範集，倫理プログラム（エシックスプログラム），インティグリティ・プログラムなど多様化している。これは，コンプライアンス・プログラムといった場合には法令遵守が強調されてしまい従業員や外部関係者に対して行動の善悪や行動の

基準全般にわたるプログラムであることの認識が薄れてしまうという理由がある。

先に述べた「連邦量刑ガイドライン」のプログラムは，次の7つである。
① 基準と手続きの策定，② 総括責任者の任務，③ 適切な権限委譲，④ コミュニケーション，⑤ モニタリング・監査システム通報システムの構築，⑥ 懲罰制度の導入，⑦ 適切な対応と再発防止

また，日本経団連の「企業行動憲章のアクションプラン」は，以下のようである。[3]

①　行動指針の整備・充実
②　経営トップの基本姿勢と社内外への表明と具体的な取組みの情報開示
③　全社的な取組み体制の整備
④　「企業倫理ヘルプライン（相談窓口）」の整備
⑤　教育・研修の実施・充実
⑥　企業倫理の浸透・定着状況のチェックと評価

1.3　自律性確保と内部告発

不祥事の多発に伴いコンプライアンス・マネジメントの強化やコーポレートガバナンス改革，社会的責任に対する取り組みが今まで以上に強調されてきている。取締役における監督機能については，すでに前項で述べてきたがその背景・内容には二つあると考えられる。一つは2002年に施行された「企業法（Sarbanes-Oxley Act）[4]」の影響もあり，日本の会社法が制定され，取締役（会）・監査役（会）が改革，強化されたこと。

二つ目は，透明性や公正性そして情報開示を確保・維持するための一策として内部通報制度の確立や公益通報保護法（2006年6月成立，2007年2月13日4月施行）が制定されたこと。

ここでは，主として第2点目について論じてみたい。最近の不祥事は，内部告発により発覚したものが多いという（池辺，2004）。1970年代，1980年代は企業が自己防衛のため社内報告相談窓口などが設置され，問題が外部に

漏れる前に事前に発見できる仕組みができていた。内部告発が増加する理由について，①非正規社員の割合が増えていること。非正規社員（契約社員・パート社員など）は，社内での出来事をそれほど抵抗観なく外部に語ってしまう傾向がある。②若年層の離職率が高くなっていること。若年の従業員は，入社後，社会のさまざまな矛盾に直面して疑問を感じ葛藤しやすい。そうした矛盾や疑問に会社が誠意をもって対応しなければ会社を簡単に辞め，これを外部に暴露してしまう。③リストラされ，不本意な形で解雇された人の急増。とりわけ不満を感じながらの退職であれば，退職後会社を公然と批判する場合がある。④「公益を無視した企業利益」を認めない意識の高まり　会社に対して不満（報酬・処遇など）をもつ正規社員が増加し，会社の方針などを変えたいと思い内部告発に踏み切る。⑤インターネットの普及などにより，誰でも簡単に，しかも匿名で会社の中の問題を告発できる。⑥社会の中に「公益を無視した企業利益は認めない」という考え方が定着し，公益通報者保護制度や内部告発支援団体など告発者保護の思想が生まれた（高，2005：43-46）。

1.4　公益通報者保護法の意義

　公益通報者保護法（前文11条，附則2条，別表第2条関係8項目）の目的は同法律第1条に記載されている。その主旨は公益通報を理由に解雇の無効，不当配転，降格，減給など不利益な処分を禁止し通報者を保護している（同法律3条―5条）。また，公益通報の対象は一般企業のほか国，地方自治体（公共団体）（第7条及び10条）非営利団体など他の組織になっている。

　次に，同法律の意義については，次の4点が指摘されている（高，2005：47-49）。

　第一は，「企業がその自助努力によって不祥事を防止するための内部統制システムを構築するインセンティブを与える狙いを有しており，本法はよって内部通報制度の必須用件が底上げされたことが指摘できよう」。これは，不祥事の防止や内部統制システムの構築の重要性を内部構成者に促すととも

に外部からの通報の前に事前に対応することを主張している。

　第二は，企業の不正行為を内部告発した労働者等が保護されて，雇用主が内部告発を理由として解雇することができないことが明示されたことにより，労働者等が本法による保護を受ける要件を備えていることを立証できれば，従前よりも確実に雇用関係が守られ，企業等の組織が告発者に不利な処分や処遇をすることは困難となることが考えられる。

　第三は，告発の乱用を恐れる経済界等に配慮して，勤務先の会社については行政機関や外部通報よりも内部通報が保護される要件を軽くしているが，行政機関や外部への通報については一定の重たい要件を設けて容易な内部告発を抑制する効果をもたらすだろうと考えられる。

　第四に，公益通報者保護制度の必要性においては民間部門も公的部門も同じであり，特に公的部門を除外する理由はないから，本法は公的機関と民間機関を含んだ包括的なものとなっている。

　次に，公益通報者保護制度の運用上の課題として2点挙げておきたい。まず第一は通報内容の妥当性，正当性がどこまで正確に迅速にできるかである。通報者の善意といやがらせの区別の問題であるが，先に述べたように通報者の意図が複数あり，真の意図を突きとめることは不可能に近い。したがって，匿名の通報の処理や正当な通報・内部告発を促す仕組みを考える必要があること。第二は正直な通報者が安心して通報できる法的保護，すなわち長期に渡り保護が可能か？という問題である。定期の社内配転により通報の保護に限界が生じたり，長期間勤務している場合，通報当時の正義が後に偽善者扱いされるなど不当な取り扱いされるなどのケースが発生するため，通報制度と組織の自浄作用の関係，通報後のバックアップ体制の確立，関連法規の整備，内部告発への対応指針などの課題がある。公益通報者保護法は成立後5年をめどに見直すことになっているため，こうした課題に対して本法律の真の意図でもあるコンプライアンス・マネジメントが確立されることを期待している。

2 コンプライアンス教育の実践

　CRマネジメントを実践していく過程については，①コンプライアンス体制の構築，②監視体制の強化，③倫理教育プログラムの再検討などが挙げられる。特に，③については，すでにいくつかの提案があり実践されているが，その効果は必ずしも上がっていないと考えられる。

　さて，今日までの企業内教育の実態は，経済性や効率性向上のためのリーダーシップのあり方や経済的成長や経営戦略策定のための人材育成・能力開発に重点が置かれていた。したがって，倫理教育に対するスタンスは「建てまえ」として理解し，教育のプログラムには参加するが（参加しなくてはならないが）つねに行動の前提にあり実践しなくてはならないと考えている人が少ないと考えられる。また，教育プログラムが一般的・常識的で具体性が乏しいなどの指摘も見過ごすことはできない。また，「倫理教育」はその内容が画一的で従業員に十分浸透しにくく，効果が乏しいという指摘もある。したがって，ここでは倫理教育に換えて「コンプライアンス教育」とその実践として論じてみたい。

2.1　コンプライアンス教育の視点

　①　経営者・管理者の意識改革——企業の不祥事が発覚した場合，企業の存亡に関わる重大な結果が予想されることを認識すること。とくに経営者・管理者の行動や発言は一般従業員，関係会社などにも大きな影響を及ぼすことになるため，つねに姿勢を正す必要がある。肥大化した組織であれ，同族企業であれ，経営の透明性と情報開示を正確に実施することが教育の大前提になる。

　②　企業の経営理念・経営信条など経営の根幹の再認識——不祥事を起こしている企業の中には，業界を代表する企業（比較的社歴の長く財務的に安定している企業）が多い。創業者の創業の精神・経営信条は他社のよき見本になっているにもかかわらず，教育のレベルでは通り一辺倒でその効果も確

かめていない場合が多い。また、この種の教育は入社時のみとなっているケースが多い。

③ 企業の自律性を強調──企業・企業グループは，ステイクホルダーと調和を保ちながら維持発展している。効率性は公正さを前提にして考えなくてはならず，そのためには，全社員に適応する行動基準などを作成し違反した場合，社内の罰則規定により処遇しなければならない。

2.2　コンプライアンス教育の特徴

わが国では，社内・社外研修や教育に力をそそいできた。その結果，技術や経済の優位などという面では，一定の効果をもたらした。一方，コンプライアンスなどには逆にその効果が不足していると考えられる。対策として，次のことを挙げることができる。

① 道徳教育＝価値教育の重視──知識・技術遍重ではなく，行動の価値前提や価値に基づく判断力を高める教育に重点をおく。

② コンプライアンスとくに関係法律の学習──法律問題はすべて顧問弁護士まかせの企業が多いと聞く。当該企業の関係する法律ないし，知っておく必要がある法律の教育は不可欠といえる。とくに個人の生命，身体，健康や安全に関する問題，環境破壊などは必修といえる。自分がやっていることが不正であることの認識をもつことが必要である。

2.3　コンプライアンス教育のステップと内容

経営教育，コンプライアンス教育はMBAで導入以来，事例研究を中心に行う必要があるとする見解がある（Piper, Gentile & Parks, 1993＝1995：36）。①誰が，②誰に，③何時，④如何なる形式で，⑤何を教育するかなどは教育効果に大きく影響するという。

不祥事の多くは経営者・管理者が関係しており，従業員対象の教育以前に役職者の教育が先決になろう。

① '誰が'──上層部に対する教育は，外部の専門機関や外部講師に委託

するかまたは関連会社の役員・業界のリーダーに付託する場合があるが，実施の目的を考慮し，重要性を勘案すれば役職者自身が講師の一員になり実施することが望ましい。一般従業員に対しても人事部・教育担当やコンプライアンス担当者に任せるだけでなく，役職者が自ら講師陣に参加する必要がある。こうしたことは，創業理念や企業文化の構築に有用性が高いといわれる。また，コンプライアンス教育に対する経営者の意気込みが一般社員に伝わり，その重要性が下部層まで浸透すると考える。

② '誰に' という教育の対象者であるが，従来は正規社員だけを対象に入社年度順，職場別（事業所別）階層別などきめ細かく実施されてきたが，現在，非正規社員（アルバイト，パート，契約，派遣社員など）や協力会社の社員・専属契約会社の社員など当該会社に関係しているすべての人々に参加を呼びかける必要がある。コンプライアンスは関係者全員の共通認識が必要であり，その結果，効果も期待できる。

③ '何時' 実施の時期であるが，入社式の後・創立記念日など定期的に実施することが多いが実施のタイミングは当該企業もしくは関連業界においてアンフェアーな行動が発覚した場合や，コンプライアンスに対する意識が高揚した時などが受け入れやすいと考えられる。

④ 実施の際の形式，方法であるが従来の講演形式や講義方式は参加者全員の理解が得られ難いといわれる。現在は参加方式，いわゆる各部所から年代・職種・正規・非正規に関係なく数名単位でディスカッション形式をとり，職場の身近な問題について討論する方法がとられている。社員間や非正規社員とのコミュニケーションの場となり課題の共有化がはかられる。コンプライアンス教育は構成メンバーで作り上げるものという風土を構築することが望ましい。ただし，実施後のフォロー，理解力の評価には研究課題は残る。

⑤ 教育の内容については，下記の図表1高　巌氏の主張をみてみよう。

ここでの課題は，コンプライアンスが身近な問題でかつ職場で最も重要なことであるという意識の共有化である。その意味で事例学習やコンプライア

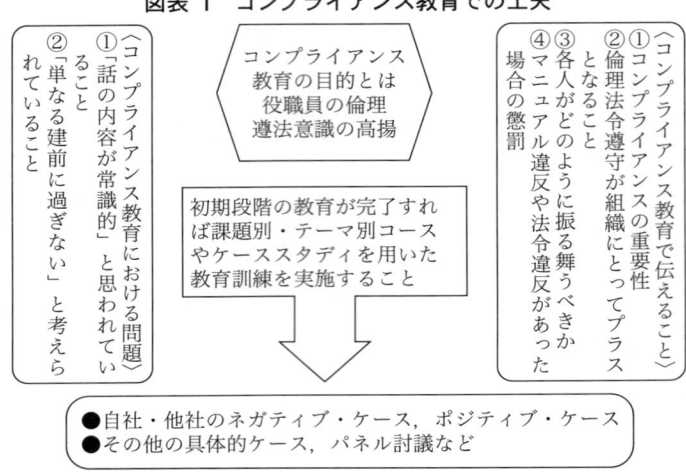

図表1　コンプライアンス教育での工夫

出所）髙（2005：158）

ンス・トレーニングは効果が高いと思われる。コンプライアンス教育は長期にわたり持続的に実施されねばならず，そのためには内容の工夫などに変化が要求される。

3　課題と展望

　企業が長期にわたり社会の構成員として存続し成長していくためには，もはや経済的優位性だけではなく，社会的責任の達成が企業にとって不可欠の条件になっていることは，多くの企業においてすでに共通認識になっていると思われる。

　そして，会社法が施工され，この法律に多少の問題点があるにせよコンプライアンス・マネジメントにとっては新たな時代の到来といえよう。しかしながら，企業経営において課題も生起している。

　その第1は，会社法成立後も不祥事は減少傾向にない。このことは，いくつかの原因が複合的に作用していると考えられるが，ここでは以下の点を挙

げておきたい。

① 企業ないし従業員の評価が相変わらず経済性（収益性・株価等）に偏重していること。株主重視，企業価値の基準，成果主義の台頭，M&A実行の基準など，主な評価項目にコンプライアンス・マネジメント遂行の実績はない。社会的責任などの重要性は誰もが理解しつつも経営戦略策定では重視されていない。企業評価の再構築が急務と考える。

② 不祥事防止やコンプライアンス・マネジメントに関して，従来にもまして産業界と大学との連携（教育システム）が必要性となってきている。技術の分野では早くから取り組んできているが，国際基準の考え方や情報化の急展開がもたらす課題を考慮する時，産学ないし公との連携は今後高める必要があると考える。

③ まず経営者・管理者の意識改革が必要である。従来，優良企業と目されていた企業，とくに不祥事を起こしている企業トップには'おごり'や'てぬき'など社会常識では想定できない考え方が根底にあると考える。

コーポレート・ガバナンスのあり方などが盛んに議論されているが，従来の法令遵守の考え方からインテグリティな企業経営をめざす考え方に転換を期待している。

〈注〉
1) 企業行動憲章
　―社会の信頼と共感を得るために―（社）日本経済団体連合会
　1991年 9 月14日 「経団連企業行動憲章」制定
　1996年12月17日 同憲章改定
　2002年10月15日 「企業行動憲章」へ改定
　2004年 5 月18日 同憲章改定
　　企業は，公正な競争を通じて利潤を追求するという経済的主体であると同時に，広く社会にとって有用な存在でなければならない。そのため企業は，次の10原則に基づき，国の内外を問わず，人権を尊重し，関係法令，国際ルールおよびその精神を遵守するとともに，社会的良識をもって，持続可能な社会の創造に向けて自主的に行動する

1　社会的に有用な製品・サービスを安全性や個人情報・顧客情報の保護に十分慮して開発，提供し，消費者・顧客の満足と信頼を獲得する。
2　公正，透明，自由な競争ならびに適正な取引を行う。また，政治，行政との健全かつ正常な関係を保つ。
3　株主はもとより，広く社会とのコミュニケーションを行い，企業情報を積極的かつ公正に開示する。
4　従業員の多様性，人格，個性を尊重するとともに，安全で働きやすい環境を確保し，ゆとりと豊かさを実現する。
5　環境問題への取り組みは人類共通の課題であり，企業の存在と活動に必須の要件であることを認識し，自主的，積極的に行動する。
6　「良き企業市民」として，積極的に社会貢献活動を行う。
7　市民社会の秩序や安全に脅威を与える反社会的勢力および団体とは断固として対決する。
8　国際的な事業活動においては，国際ルールや現地の法律の遵守はもとより，現地の文化や慣習を尊重し，その発展に貢献する経営を行う。
9　経営トップは，本憲章の精神の実現が自らの役割であることを認識し，率先垂範の上，社内に徹底するとともに，グループ企業や取引先に周知させる。また，社内外の声を常時把握し，実効ある社内体制の整備を行うとともに，企業倫理の徹底を図る。
10　本憲章に反するような事態が発生したときには，経営トップ自らが問題解決にあたる姿勢を内外に明らかにし，原因究明，再発防止に努める。また，社会への迅速かつ的確な情報の公開と説明責任を遂行し，権限と責任を明確にした上，自らを含めて厳正な処分を行う。

2）東京商工会議所「企業行動規範について」

1. 法令の遵守　　法令を遵守し，立法の趣旨に沿って公明正大な企業活動を遂行する。
2. 顧客（消費者）の信頼獲市場における自由な競争のもとに，顧客のニーズにかなう商品・サービスを提供するとともに，正しい商品情報を的確に提供し，顧客の信頼を獲得する。
3. 取引先との信頼関係　　公明正大な取引関係の上に取引先との信頼関係を築き，相互の発展を図る。
4. 株主・債権者の理解と公正かつ透明な企業経営により，株主・債権者の理解と支持を得る。
5. 社員・従業員の連帯と自己発現への環境づくり　　社員・従業員が企業の一員として連帯感を持ち，自己の能力・活力を発揮できるような環

境づくりを行う。
　6．社会とのコミュニケーション　広く社会とのコミュニケーションを図るため，社会の要求に耳を傾けるとともに，必要な企業情報を積極的に開示する。
　7．個人情報等の適正な管理　個人等の情報，自社の秘密情報を適正に管理する。
　8．政治・行政との関係　政治・行政と健全かつ透明な関係を維持する。
　9．反社会的勢力および団体への対処　社会の秩序や安全に脅威を与える反社会的勢力および団体とは関係を持たない。
　10．地域社会との共生　地域の発展と快適で安全な生活に資する活動に協力するなど，地域社会との共生を目指す。
3）　日本経団連の企業行動憲章のアクションプラン
　企業行動憲章第9条『経営トップは，本憲章の精神の実現が自らの役割でることを人司式し，率先垂範の上，関係者に周知徹ともに，企業倫理の徹底を図る。』
4）　企業法の骨子には，①企業経営者に対する罰則の強化　②監査法人を監視するための機関：PCAOB（公開会社会計監査委員会）の設置，③取締役，監査委員会の強化の強化などである。
5）　公益通報者保護法（目的）
　第一条　この法律は，公益通報をしたことを理由とする公益通報者の解雇の無効等並びに公益通報に関し事業者及び行政機関がとるべき措置を定めることにより，公益通報者の保護を図るとともに，国民の生命，身体，財産その他の利益の保護にかかわる法令の規定の遵守を図り，もって国民生活の安定及び社会経済の健全な発展に資することを目的とする。

〈参考文献〉
池辺陽一郎（2004）『内部通報制度』東洋経済新報社
海野みずえ（2005）「欧米CSR最新経済事情」『週間東洋経済臨時増刊　環境・CSR2006』東洋経済新報社
大塚和成・滝川宣信・藤田和久（2004）『企業コンプライアンス態勢のすべて』金融財政事情研究会
奥村　宏（2004）『会社はなぜ事件を繰り返すのか』NTT出版，終章など要約
川口幸美（2004）『社外取締役とコーポレート・ガバナンス』弘文堂
KPMGビジネスアシュアランス株式会社（2003）『新版　コンプライアンスマネジメント』東洋経済新報社

国民生活局国民生活審議会（2002）「自主行動基準の指針」
小林敏男（2007）『ガバナンス経営』PHP
高　巖・ドマルドソン，T．（2003）『ビジネスエシックス』文眞堂
高　巖（2005）『コンプライアンスの知識』日経文庫
Piper, T. R., Gentile, M. C. & S. D. Parks (1993) *Can Ethics Be Taught?*, The President and Fellows of Harverd College. （小林俊治・山口善昭訳（1995）『ハーバードで教える企業倫理』生産性出版）
谷本寛治（2006）『CSR経営』中央経済社
大掛猪津夫（2002）『取締役・監査役の独立性』インターワーク出版
経済産業省企業行動課（2007）『コーポーレートガバナンスと内部統制』経済産業省企業行動課
水谷雅一『経営倫理』（2003）同文館出版

2 経営教育の新たな地平

松本　芳男

キーワード
価値理念　　経営教育　　キャリア教育　　働く意味
職業意識

はじめに

　2005年の人口動態統計によると出生率は1.25と過去最低を大幅に更新した。厚生労働省の国立社会保障・人口問題研究所が2006年12月20日に発表した将来推計人口によれば50年後の日本の人口は8,993万人となり，15～64歳の生産年齢人口は4,595万人と2005年よりも46％も減少する。このような人口減少・労働力減少が進む中で経済を維持・成長させるためには労働者1人当たりの生産性を向上させることが必要であり，そのためには経営教育や訓練を通じて労働者1人1人の能力を向上させることが不可欠である。その意味で経営教育が担うべき役割は重大である。

　しかし昨今の職場に目を向ければ，バブル経済崩壊後多くの企業が正社員を絞り込んだ結果，若手・中堅社員の労働負荷が著しく増大し，メンタルヘルス面で問題を抱える社員も相当数存在している。また成果主義の性急な導入の影響もあり，先輩社員も上司も自分の目標数値の達成に追われ部下を育

てる余裕を失っている。このような状況の中で，日本企業の「人材を育てる力」が劣化することが懸念されている。

一方，学校教育においては，学力低下やいじめ問題が深刻化する中で，政府は，教育基本法の改正と歩調を合わせ教育再生会議を設置し，ゆとり教育の見直しを含む検討を進めている。その最中に発覚した世界史など必修科目の未履修問題は，受験勉強を過度に偏重する日本の教育のゆがみを象徴的に表している。たとえ必修科目であっても受験科目になければ「学習するのは無駄」と考える受験生と，その声に押されて履修を偽装した高校側。問題の根は深いと言わざるを得ない。

従来，日本における高校までの勉強は大学入試に合格することがほとんど唯一の目的であったと言っても過言ではない。その結果，受験競争に勝ち抜いて見事目標校に入学しても，何をやったらよいか分からずたたずんでしまう「たたずみ君」現象が生じている。[1] また，学校で学ぶことと社会生活・職業生活との関連がほとんど意識されないまま大学や学部が選ばれ，就業意識が希薄なまま大学生活を過ごしてしまう結果，いざ就職を前にして再びたたずんでしまうことが，ニートやフリーター問題，7・5・3離職などの問題を生んでいるのではないかと思われる。

そこで，本稿では，経営教育の新たな地平を求めて次の2つの論点について言及する。第1は，「価値理念」をベースにした経営教育の展開である。従来，人材開発のための経営教育は，会社（人事部）が自社の社員に対して，会社の仕事に役立つ能力，スキル，コンピテンシーを身につけさせるために，職種別・階層別の集合教育や，現場でのOJTなどの形で展開されるのが一般的であった。しかし，社会や組織が重視する価値理念が異なれば，当然，人材に求められる要件も異なってくるし，個人が持つ価値観，特に個人と組織の関わり合い方によって，人材開発や経営教育の在り方が異なるはずである。

第2は，児童・生徒・学生に対する経営教育の必要性である。従来，経営教育は，社会人である社員を対象に実施されてきた。しかし，これからは，

小学校・中学校・高等学校・大学の段階からそれぞれの発達段階に応じたキャリア教育や起業教育を中心とする経営教育を行う必要がある，ということである。

1 近代産業社会を支えた価値観の変化と個人の価値観・意識

産業革命以降の工業社会からポスト工業社会，豊かな消費社会への移行が進む中で，近代産業社会を支えてきた主要な価値理念にも変化が生じ（いわゆるポストモダン的価値理念），それに対応して，働く人々の価値観や意識にも顕著な変化が生じてきている（渡辺，1994；今田，1987，図表1参照）[2]。

近代産業社会は，一定の目的を達成するために最適な手段を選択する「機能的合理性」（手段的合理性）を徹底的に追求する社会であった。目的達成の効率性が求められ，効率を確保するためにさまざまな管理メカニズムが生み出されてきた。F. W. Taylor, M. Weber, H. Fayol らは，それぞれ「作業の合理化」「組織の合理化」「管理の合理化」に先鞭をつけ，近代産業社会を支える合理的システムの確立に貢献した。このような機能的合理性の追求は「豊かな社会」の実現に大いに貢献したが，その反面，徹底した合理化の結果，労働の非人間化などさまざまな非合理性をも生み出した[3]。

「豊かな社会」においては，人々は飢えから解放され豊かな消費社会を満喫するとともに，自分の行為や生活に「意味」を求めるようになる。目的に対する単なる手段的存在に甘んずることに異議を唱え，自分の行為や生活に自分なりの主観的な意味を付与することで，自分の生活世界の意味の充実を

図表1 近代産業社会を支えた主要な価値観の変化と個人の価値観・意識

工業社会の価値理念	→ ポストモダン的価値理念（個人の価値観・意識）
機能的合理性	→ 意味の充実（生きる意味・働く意味の重要性）
欠乏動機	→ 差異動機（自分らしく生きる・働く）
勤勉の哲学・労働倫理	→ 自己実現至上主義（仕事を通じての自己実現）
仕事・会社中心主義	→ 余暇・私生活中心主義（ワーク・アンド・ライフ・バランス）

図ろうとするようになる。そもそも「何のための豊かさか」を問い，生活手段としての労働ではなく，労働それ自体に意味を求めるようになり，「生きがい」「働きがい」を強く求めるようになる。

　近代産業社会は，満たされない欲求の充足を求めて行動する人間を前提とし，管理メカニズムもこのような欠乏動機を前提にデザインされ，欠乏動機を梃子に成長を志向した（今田，1987：30-33）。国も企業もより大きなGNP（国民総生産）や売上高，利益を求め，個人も豊かな生活を求めて一心不乱に働いた。成長すること，物質的に豊かになることは無条件によいこととされ，結果的に大量生産，大量消費，大量廃棄の社会を生み出してきた。しかし意味の充実を求める豊かな社会では，人々は欠乏動機ではなく，いかに自分らしくあるかという「差異動機」によって強く動機づけられることになる。

　人が働く理由はさまざまである。「生活の糧を得るため」という経済的理由は，いつの時代，どこの国でも人びとが働く主要な理由であるが，産業化の初期には，勤勉の哲学・労働倫理が確かに存在していた。西欧ではプロテスタンティズムの倫理に基づく労働観があり，日本にも鈴木正三や石田梅岩らの職業観や世俗的商業道徳があった（小笠原，1994）。国や宗教は違っても「どんな仕事であれ一生懸命遂行することが人間としての義務である」とする勤勉の哲学や労働倫理が存在していた。しかし豊かな社会においては，労働の尊厳は希薄化し，仕事自体に主体的な意味を求めるようになってきている。機械的な単調労働は非人間的であるとして嫌悪され，仕事は人々に生きがいや働きがいを与え，自己実現の機会を提供するものでなければならないとする自己実現至上主義が強く意識されるようになってきている。

　近代産業社会では，人生や生活の中で仕事が占めるウエイトが極めて高い仕事中心主義が見られ，仕事をする場としての会社に全人格的に一体化し，会社のため，仕事のために私生活を犠牲にすることすら厭わない「会社人間」も多数存在した。会社と社員の利益が一致している限り，このような仕事中心主義や会社人間的生き方は個人にとっても合理的なことであった。し

かし，豊かな社会では，働き過ぎは非人間的であるとされ，余暇中心主義・私生活中心主義が強くなってきている。

このように変化した価値理念，エトス，労働観のもとでは，人々に働く意味や仕事の意味を十分了解してもらうことが重要になる。経営教育においても，会社の業績を上げるために必要な能力やスキルを一方的に教え込むという姿勢ではなく，各人が，自分が担当する仕事の意味や位置づけ，重要性を十分理解した上で，主体的に仕事に取り組み，仕事を通じて自己の能力の向上や成長を実現できるように会社がサポートするという姿勢が必要になる。

2 組織の基軸価値と組織モデル

同じ時代に活動している会社であっても，組織として優先する基軸価値が異なれば人材に求められる要件も異なってくる。図表2は，組織が優先する

図表 2　組織の基軸価値と組織モデル

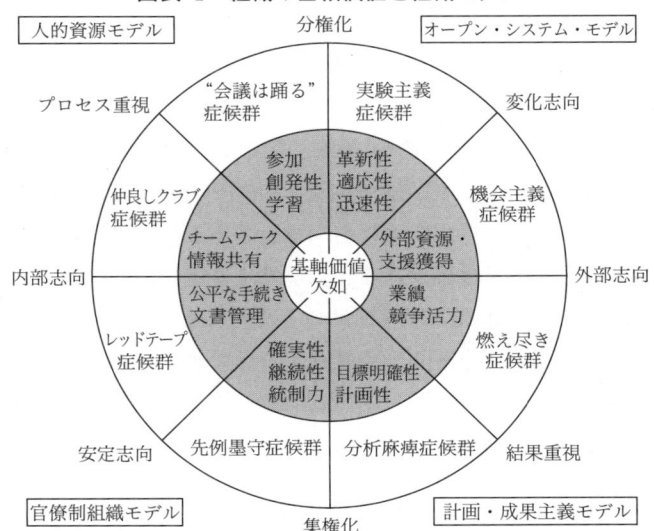

出所）松本（2004：289）を一部修正

基軸価値と組織モデルの関係を表している。[4]

「官僚制組織モデル」は，定型業務処理の確実性・効率性・継続性，手続きの公平性という強みを持つ組織モデルであり，このモデルの強みを活かすためには，規則・規律・秩序を遵守し，公平無私に規則を適用し，文書管理能力の高い人材が求められる。しかし，官僚制組織モデルは変化やイノベーションに弱いことを自覚させる必要があり，また，規則・手続き・形式の重視も行き過ぎるといわゆる「レッドテープ症候群」[5]や「先例墨守症候群」を生むことになるということを絶えず意識するよう教育する必要がある。

また，官僚制組織の下でしばしば生じる逆機能現象についても，例えば規則を守ることが自己目的化してしまう「目標置換」に対しては，「何のための規則か」ということを絶えず考えさせる教育が必要である。既存の規則を機械的に適用してまずい結果を生んでしまう「訓練された無能」[6]という事態を避けるためには，現場担当者の臨機応変な対応を認めるが事後的にその理由を文書で提出させるようなメタ・ルールの使用も有効である。

「オープン・システム・モデル」は，革新の創出，変化への適応，外部資源・支援の獲得などに強みを持つ組織モデルであり，このモデルの強みを活かすためには，失敗を恐れぬチャレンジ精神旺盛で，外部環境に積極的に働きかけるアクティブな人材が求められる。しかし，革新の追求が行き過ぎると「実験主義症候群」に陥り，マーケットのニーズを無視して技術至上主義に陥ったり，外部環境への働きかけが一線を越えると贈収賄事件などの「機会主義症候群」に陥る危険性がある。効率性や安定性を生み出す官僚制組織の基盤抜きで戦略性や創造性の発揮はできないこと（沼上，2003：22-23）を認識させ，節度ある行動をとるよう教育する必要がある。

「計画・成果主義モデル」は，明確な目標を立て，それを実現するための周到な計画を準備し，目標達成度に応じて評価することにより確実に結果を出す点に強みがある。このモデルの強みを活かすためには，緻密な計画策定能力と果敢な行動力とタフネスを持った人材が求められる。しかしこのモデルでは，計画作りが自己目的化してしまい「分析麻痺症候群」に陥ったり，

過度の業績競争のため「燃え尽き症候群」に陥る危険性がある。経営においては結果が重要であることは当然であるが，優れた結果を持続させるためにはプロセスを軽視することはできないことを認識させることが必要である。

「人的資源モデル」は，人々に参加や学習の機会を与え，他のメンバーと協力しながら仕事を進め，チームワークや情報共有を育むところに強みがある。このような強みを活かすためには，協調性や参加意欲の高い人材が求められる。しかしこのモデルは，ややもすると議論ばかりして結果が伴わず，誰も責任をとらない「会議は踊る症候群」「仲良しクラブ症候群」に陥る危険性がある。結果を生んでこそプロセスが意味を持つことを十分理解させる必要がある。

現実の経営においては，この4つのモデルは混在している。組織は，優先する基軸価値を持たないと活動の焦点が定まらず有効性を発揮できない。しかし単一の基軸価値だけが過度に強調されるとその組織はモノカルチャー化し，さまざまな症候群を引き起こす危険性が生じる。そこで，経営教育を通じて，自社が優先するモデルの強みと弱みを十分理解させ，それと対極にあるモデルの基軸価値との間にダイナミックなバランスをとるよう意識させることが必要になる。

3 個人と組織の関わり方

「所属組織」と「仕事」に対するコミットメントの強弱により，個人と組織の関わり合い方は次の4つのタイプに分けられる（図表3参照）。組織への愛着は強いが仕事へのこだわりは小さいタイプを「会社人間」と呼ぶことにする。昨日まで工場で製品を組み立てていたが，会社の都合で明日から営業所に異動してくれと言われても，会社のためであればと黙ってそれに従うようなタイプである。戦後の日本経済の驚異的な復活・成長を支えたのはこのような人々であったろうし，おそらく会社という組織が長期的に存続していくためにはこのような会社人間は必要なのであろう[7]。このタイプの人々に対しては，何よりも会社への帰属意識を高める教育が求められる。

図表 3　個人と組織の関わり合い方

（強）		
組織へのコミットメント	会社人間	エリート社員
	パラサイト社員	プロフェッショナル
（弱）	仕事へのコミットメント　　（強）	

　仕事へのこだわりは強いが組織への愛着は弱いタイプを「プロフェッショナル」と呼ぶことにする（太田，1994；1997）。青色発光ダイオードを実用化したものの，あまりにも低い発明報酬に憤慨し，会社を相手取り訴訟を起こし，アメリカの大学教授に転身した中村修二はこのタイプと言えるであろう。このタイプの人には，なによりもその専門性を高める研究や学習の機会を提供することが重要になる。
　組織と仕事両方へのコミットメントが強いタイプを「エリート社員」と呼ぶことにする。このタイプはまさに将来会社を背負っていく人たちであり，幹部候補生としての経営教育が最も必要とされる人々である。彼らは通常，強い上昇志向やモチベーションをすでに持っているから，彼らに必要なのは，ゼネラルマネジャーとしての幅広い視野と高い倫理観を身につけさせるための教育である。
　組織と仕事の両方に関心の低いタイプを「パラサイト社員」と呼ぶことにする。彼らは仕事のプロを目指すわけでもなく，そうかといって会社への忠誠心が特に高いわけでもない。解雇されない程度に仕事をこなし，そこそこの業績を残すが，それ以上でもそれ以下でもない。[8] このタイプの社員を組織スラックとしてある程度抱えていることは組織の懐の深さを示しているとも

言えるが，会社としては彼らに対してキャリア教育などを通じて，組織や仕事に対する関心を高めるきっかけを提供することは必要であろう。

エリート社員やプロフェッショナルを目指すか，それとも会社人間として生きるか，パラサイト社員として趣味の世界に生きるかは，結局，各個人が選択する。重要なことは，いずれのタイプを選ぶにせよ，各個人の主体的な選択に基づいた生き方・働き方が許されることであり，また，それぞれの生き方・働き方に沿った能力開発の支援を会社が提供することである。

4 教育の職業的レリバンスの重要性[9]

山田昌弘によれば，教育は手段であり，それ自体が目的ではない。子どもとその親にとっては「階層上昇（維持）の手段」であり，社会にとっては「職業配分の道具」であった。しかし教育システムが果たすべきこの2つの機能が危機に瀕していることが現在の教育問題の根幹にあるという（山田，2004：159）。確かに山田が指摘するように，近年，学歴に見合った職に就けなくなるリスクが増大してきており，勉強に努力しても報われないというリスクに直面すると青少年はやる気を失う傾向があることは否定できないであろう（山田，2004：179-183）。しかし若者の学習意欲や学力，就業意識が低下している原因は，むしろ教育の職業的レリバンスがあまりにも意識されてこなかったことにあるのではないかと考えられる。

先に述べたように，日本では高校までの段階における学習の動機があまりに受験に偏りすぎているように思われる。一部の超難関校を目指す児童・生徒は猛烈に勉強するが，早々と受験競争から降りてしまった児童・生徒はほとんど勉強しなくなる。受験競争に勝ち抜いて目標校に合格しても，入学後何をしたらよいか分からず目標喪失してしまうことにもなる。また，就業意識が不確実なまま就職時期を迎えてたたずんでしまうことが，フリーターやニート問題の背景にあるのではないかと思われる。

従来，企業は大学の専門教育に期待せず，大学（特に文系学部）も実践的教育に手を抜く傾向があった。しかし，バブル経済崩壊後，企業は即戦力重

視を打ち出し，これに対し学生は実学志向・資格取得志向を強めてきている。また，大学も，生き残り戦略の一環として，キャリア教育や就職支援活動を強化してきており，カリキュラムに「キャリア講座」を設置する大学が増加してきている。このこと自体は歓迎すべきことであるが，大学からでは遅すぎるというのが本稿の主張である。

　欧米では，就学前の児童から，起業家教育やキャリア教育など広い意味での経営教育が実践されてきた。アメリカでは1970年代初頭から連邦教育局（現：教育省）による教育改革の最重要施策のひとつとしてキャリア教育が展開され，わが国にも70年代後半以降導入された（山崎，2006：10；藤田，2006：8-19）。しかし一部の高等学校で新しい進路指導の方法（キャリアエデュケーション）として実施されたものの，本格的な展開には至らなかった。

　小学校や中学校に関しては，1992年施行の学習指導要領で，知識より意欲や関心を重視する「新しい学力観」が打ち出され，1996年には中央教育審議会が「生きる力」（自ら課題を見つけて解決する能力）を育む「ゆとり教育」を答申した。2002年には新学習指導要領が実施され，週5日制の完全実施，学習内容の3割削減と並んで「総合的な学習の時間」が創設された。これらの改革は，今日，学力低下の原因とされ，見直しの気運が高まっているが，ゆとり教育や総合的な学習の時間と学力低下の因果関係は必ずしも明確ではない。ここでは学力問題にこれ以上立ち入ることはできないが，少なくとも次の点は確認しておきたい。すなわち，単なる詰め込みの知識ではなく，「生きる力」を育むために地域に出かけて学んだり，職場体験などを通じて「働く意味」を考えたり職業意識を身につける「総合的な学習」や「キャリア教育」は，むしろこれからますます重要になってくるということである。

　2003年6月，フリーターやニートの問題が深刻な社会問題として注目を集める中で，文部科学大臣，厚生労働大臣，経済産業大臣，経済財政政策担当大臣で構成される「若者自立・挑戦戦略会議」が「若者自立・挑戦プラ

ン」をまとめた。これは若年者の働く意欲を喚起し，彼らの職業的自立を促進し，若年失業者の増加傾向を転換させることを意図しており，義務教育段階から組織的・系統的にキャリア教育やインターンシップなどの職業体験などを促進することが盛り込まれている。2004年12月には，上記4大臣に内閣官房長官が加わり「若者の自立・挑戦のためのアクションプラン」がとりまとめられた。ここでも，小学校段階からの組織的・系統的な職場体験学習，インターンシップなどの推進による勤労観・職業観の醸成を核とするキャリア教育を展開することの重要性が謳われ，その実践に向けて産・学・官が連携・協力することの必要性が指摘されている。こうした動きに経済界も呼応して，2003年4月には(社)経済同友会教育委員会が「若者が自立できる日本へ～企業そして学校・家庭・地域に何ができるのか～」という提言レポートをまとめ，同年5月には(社)日本経済団体連合会と日本商工会議所も「若年者を中心とする雇用促進・人材育成に関する共同提言」を出している。

　それでは，小学校の段階から始めるべきとされる「キャリア教育」とはどのような教育なのであろうか。[13] 2004年1月にまとめられた文部科学省の調査研究協力者会議報告書「キャリア教育の推進に関する総合的調査研究協力者会議報告書～児童生徒一人一人の勤労観，職業観を育てるために～」においては，「児童一人一人のキャリア発達を支援し，それぞれにふさわしいキャリアを形成していくために必要な意欲・態度や能力を育てる教育」であり，端的には「児童生徒一人一人の勤労観，職業観を育てる教育」であるとされている。[14]

　山崎保寿（2006）によれば，キャリア教育が，従来型の進路指導と根本的に異なるのは，それがマッチング理論ではなくキャリア発達の考え方を基本にしている点にあるという。マッチング理論というのは，個人の特性と職業の所要条件を適応させようとする職業選択の理論であるのに対し，キャリア発達とは，進路選択，職業意識など進路や生き方に関する諸能力は年齢や成長に応じて発達していくという考え方である。すなわちキャリア教育の理念は，このような発達的観点に立ち，児童生徒の生涯にわたってのキャリアの

発達と充実を目指すものであり，まさに人生を設計する能力の育成に他ならないのである（山崎，2006：12-13）。

このようなキャリア教育をなぜ小学生の段階から実施する必要があるのであろうか。先に挙げた文部科学省の報告書（2004）では，キャリア教育が求められる背景として，精神的・社会的自立が遅れ，人間関係をうまく築くことができない，自分で意思決定できない，自己肯定感を持てない，将来に希望を持つことができない，進路を選ぼうとしないなど，現代の若者の勤労観・職業観や社会人・職業人としての基本的資質の問題点が指摘されている。このような問題現象が生ずる原因として，高学歴社会におけるモラトリアム傾向が強くなり，進学も就職もしなかったり，進路意識や目的意識が希薄なまま「とりあえず」進学する若者が増加していることが挙げられている。

こうした基本的認識の下で，同報告書では，次のようなキャリア教育の基本的方向が示されている。
○　「働くこと」への関心・意欲の高揚と学習意欲の向上
○　一人一人のキャリア発達への支援
○　社会人・職業人としての資質・能力を高める指導の充実
○　自立意識の涵養と豊かな人間性の育成

5　キャリア教育と経営教育のリンケージ

2003年の「若者自立・挑戦プラン」を契機に文部科学省主導で進められたキャリア教育促進に対しては，その上意下達的なやり方に対し教育現場には抵抗感もあるようである。しかし進め方の是非はともかく，教育の早い段階から，発達段階に応じて，社会や経済の仕組みについて理解を促し，働くことの意義について考えさせることにより，自立意識，勤労観，職業観を育成するという理念自体の重要性については疑問の余地はないであろう。

ある小学校で行われているキャリア教育を導入した総合的な時間の各学年の系統表は次のような内容になっている（山崎，2006：38）。

低学年（1年）「おうちの人の仕事」（家の人の仕事について調べる）
　　　　（2年）「お店を出そう」（収穫祭などを利用して店を出す）
中学年（3年）「仕事調べⅠ」（親や地域で働く人を見つめる）
　　　　（4年）「仕事調べⅡ」（地域で働く人の姿を見つめる）
高学年（5年）「私の夢Ⅰ」（さまざまな仕事を調べ，職業としての仕事を考える）
　　　　（6年）「私の夢Ⅱ」（仕事体験を通し本当にやりたい仕事を考える）

　またある中学校における各学年の重点目標と題材は次のようである（山崎，2006：90）。

中学1年「将来への夢を持ち，生き方を考える」（なぜ今学ぶのか，私たちの将来の希望，自分の特色，友達の良さ，集団や社会の一員として，働く人々の姿）
中学2年「具体的に職業・高校について調べ体験する中で学び働くことの目的と意義を理解する」（人はなぜ働くのか，人はなぜ学ぶのか，職場体験学習の準備，職業とは何だろう，適性を行かす進路を選ぼう）
中学3年「自主的な進路選択」（先輩の姿に学ぶ，進路先を調べてみる，自分を見つめ直す，勇気を出して我が道を，希望あふれて）

　こうした学習内容を通じて育成すべき能力として「人間関係調整能力」「将来設計能力」「情報活用能力」「意思決定能力」の4つが関連づけられている。

　「人材開発」とは社会や組織に有用な人材を開発することであり，「経営教育」とはそのような有用な人材となるために必要な知識やスキル，それらを活用する能力，さらには行動力などを身につけさせる教育であると理解すれば，勤労観や職業観を育てるキャリア教育は経営教育の前提であり，広い意味では経営教育に包摂されると考えられる。働く意味を考え，しっかりとした勤労観や職業観を身につけてこそ「生きるために学ぶ意味や重要性」も理解できるし，経営教育の有効性も高まるはずである。

そのために我々ができることは何かと言えば，キャリア教育や起業教育を中心として児童・生徒向けのよい教材を開発することであろう。例えば，小学校のキャリア教育では，伝記を読んで，素晴らしい生き方をした人について学ぶことが行われているが，教材として用いられているのはベートーベンやヘレン・ケラーである（山崎，2006：40-41）。これらの偉人伝に加えて，松下幸之助や本田宗一郎を始めとする優れた経営者の伝記や，トヨタ自動車，ソニーなどの身近な会社の物語があれば，企業や経営に対する関心・興味が高まり，若者の就業意識や職業観の育成に多少なりとも役立つであろう。近年，小学生や中学生向けに働くことの意味や仕事の選択，経済・経営などに関する関心を高めることを意図した書籍が目に付くようになってきたが，我々の活動の一部をこのような分野に振り向けることも意味があるのではないかと思われる[16]。

むすび

従来，経営教育と言えば，会社が自社の社員に対して，会社の仕事に役立つような知識，能力，スキル，コンピテンシーなどを身につけさせるために行うのが一般的であった。本稿では，このような従来の経営教育の視点とは異なり，産業社会を支えてきた価値観の変化，組織が優先する基軸価値，個人と組織の関わり方などの視点から，社会・組織・個人の価値理念に即した経営教育のあり方について考察した。もうひとつの論点は，経営教育の対象を社会人に限定することなく，小学校から大学まで含めた学校教育におけるキャリア教育や起業教育までも含む分野に拡張する必要性である。もちろん，基礎学力や教養教育の重要性を否定する意図は全くないが，従来の学校教育においては，自立した人間として生きていく力，働くことの意味やそのために必要な能力・スキル，社会人・職業人としての心構えなどに対する教育があまりに希薄であったという認識に基づいて，経営教育の新たな地平を切り開く必要性を指摘したのである。現在，若者の学力低下の原因としてゆとり教育や総合的な学習の時間の見直しが始まっているが，ようやく芽生え

始めたキャリア教育の目が摘み取られないことを願うばかりである。

〈注〉
1) 東京大学本郷キャンパスの保健センターの精神科を訪れる学生は年間で約600人いるそうであるが、彼らの多くが「何を勉強したらいいかわからない」という悩みを訴えるという。研究課題を見つけられない大学院生の不登校も問題になっているという。(日本経済新聞社編, 2001：3)
2) 「ポストモダン」という概念は、さまざまな分野・コンテクストにおいて用いられているが、渡辺聡子(1994)は、1960年代以降、脱産業化を中心とする経済構造の変化と相関して進行した社会制度における変化、特に先進産業社会における仕事や組織に関わる価値観の変化を総合的に表現する概念として用いている。ここでもそれにならい、ポストモダン的価値観を、脱工業化社会、豊かな消費社会における価値観という意味で用いている。
3) 機能的合理性の追求が我々の生活世界の隅々にまで浸透している状況を、リッツアー(Gerge Ritzer)は次の書において危機意識をもって描いている。(リッツアー著, 正岡寛司監訳, 1999)
4) このモデルは、ローボー(J. Rohbaugh)やクイン(R. E. Quinn)らの「競合価値モデル」(competing values model)のアイディアを修正・発展させたものである。Quinn, R. E. and J. Rohrbaugh, 1983：363-377)
5) 「レッドテープ」とは、行き過ぎた形式主義のことである。昔、役所で書類を束ねるのに赤い紙のテープを用いていたことに由来する。
6) 「訓練された無能」の例として次のような事例がある。阪神淡路大震災直後、スイス政府は捜索犬を伴った救助隊を派遣すると申し出たにもかかわらず日本政府がそれを受諾するまでに24時間もかかってしまった。遅れた原因は、農林水産省担当官が、通常通り犬の検疫が必要であると主張し、ヨーロッパ共同体が発行する犬の健康証明書と狂犬病予防接種証明書を取り寄せるのに24時間かかったからである。この場合、がれきに埋まっている生存者を救助するためになぜ一刻も早く現場に行かせなかったのか。常識的に考えて、スイス救助隊が、狂犬病にかかった探索犬をつれてくるとは考えられない。あまりにも機械的な規則の適用事例である。(宮本政於 1996：95-96)
7) 田尾雅夫は、「会社がある以上、会社を支える会社人間がいなければ、会社が潰れるのは当然である」と述べ会社人間必要説を展開しているが、同時に「全員揃って会社人間である必要はない」とも述べている。筆者もこの点については同意見である。(田尾雅夫, 1998：2)
   バブル経済崩壊後、日本企業はこれまで会社を支えてきた中高年社員に対

して厳しく冷たい対応を行ってきた。こうして切り捨てられた企業戦士の怒りの声は，次の書に詳しく紹介されている。東京管理職ユニオン・日本労働弁護団編（1994）『会社をやめる父から会社に入る息子・娘たちへ』教育史料出版会。こうした冷たい仕打ちを受けた会社人間が，会社に対する信頼や帰属意識を希薄化させ，次に述べるような「パラサイト社員」化することが懸念される。

8) 私生活や趣味こそが生きがいであり，会社や仕事はそのための手段と割り切り，徹底的に自分流の生き方を貫いたサラリーマンがいる。慶応大学を卒業後，三井物産に入社し30年以上勤め（その間，通算14年フランスに滞在），57歳（部長代理）で早期退職優遇制度により退職した伊澤次男である。彼は会社勤めの利点を十分認識しており「絶対に会社を辞めないで，自分の人生を大事にする」生き方を貫いた。そのために彼が取った戦略は「仕事はするが，私生活は守る男」という肯定的イメージを定着させ実践することである。会社と個人の関係は契約関係であるから年間1,800時間の枠内で仕事をすれば十分であり，終業チャイム後は個人の自由時間であるとして，趣味のフラメンコ・ギター，スポーツ・ダンス，英語・フランス語・スペイン語の習得に努め，教本やビデオなども作成している。会社組織に身を置きながらも自分のために生きる生き方を実践するために，仕事は思い切りやったが，出世第一主義や同僚との競争意識，定年まで勤める考えなどは捨て，万一会社を離れたときのために，会社を利用してさまざまなビジネス・スキル，能力を身につけるというリスク・マネジメントを行った。会社としても，人付き合いは悪いが，仕事ができるのでクビにする理由もなかったのであろう。（伊澤次男，1997）

9) 教育は経済や産業のためだけにあるわけではないことは当然である。本田由紀は，教育の「職業的意義（レリバンス）」と並んで，「市民的意義」（消費者教育，金融教育，司法教育，政治参加に関する教育，メディア・リテラシー，環境教育，食育，育児・介護に関する教育など）や「即自的意義」（学習者の興味や情動を真に喚起しうるような表現・鑑賞の新しい手法の開発・導入）の回復を提案している。筆者もこの提案に基本的に賛同するが，本稿ではキャリア教育や経営教育の必要性を強調するために特に「職業的レリバンス」についてのみ言及している。（本田由紀，2005：197-199）

10) 例えば，イギリス政府は，ヴァージン・グループ会長のリチャード・ブランソンら200人を小中学校に「起業家大使」として派遣し，ビジネスの知識と意欲を喚起する活動を展開しており，将来は起業家大使を1,000人まで拡張する予定であるという（「『起業家大使』小中学校に」『朝日新聞』2000年

5月16日付朝刊)。また，フィンランドでは，ヴァーサ大学生涯教育センターが中心になり，就学前の児童から高校生まで体系的に起業家教育を実践し，将来の地元産業活性化につなげる活動を行っている（「起業家教育，欧州の挑戦」『日本経済新聞』2000年1月4日朝刊)。ビジネス教育の本場アメリカでは，例えば小学校低学年向け課外プログラムとしてボランティア講師がビジネスの概念，模擬起業などを教えている。中学生向け起業研究授業では，中学生が事業計画をベンチャーキャピタリストに売り込み，審査に合格すれば事業化し，利益の2割を寄付，2割をベンチャーキャピタル・ファンドに再投資し，6割を創業者に配分するような活動が行われている（「資本主義の英才教育 教科書より起業体験」（進化するシリコンバレー・中）『日経産業新聞』2000年2月23日)。

　日本でも，学生，サラリーマン，主婦などを対象にしたベンチャーコンテストはかなり以前から開催されてきているが，高校生以下を対象とする活動となると，近年ようやく着手されたにすぎない。例えば，中学校・高校を中心に，株式の模擬売買や金融の仕組みを学ぶ「金融教育」が実践され始めているが，拝金主義を助長するという批判が絶えないという（「金融教育↗続伸中」『朝日新聞』2006年10月14日朝刊)。(旧)通産省が小・中・高校向けの起業家教育用教材の開発，教員研修，経営者を学校に派遣する事業に着手したのが1999年度である。

11) 1980年代に入ると，「小さな政府」や「学力向上」を求める世論の高まりの中で，連邦教育局が推し進めてきたキャリア教育は終息したが，学校教育段階から社会人・職業人への移行支援を中核的な課題とする施策は，今日でも，アメリカの学校教育を支える重要な役割を果たしているという。藤田晃之「キャリア教育の歴史①②」亀井浩明・鹿島研之助編著，2006：8-19）

12) ゆとり教育と学力問題については，広田監修（2006）が参考になる。

13) 小学校夜中学校におけるキャリア教育の導入事例は，山崎（2006）に詳しい。

14) 「キャリア教育の推進に関する総合的調査研究協力者会議報告書」については文部科学省ホームページを参照。〈http://www.mext.go.jp/a-menu/shotou/careea/05062401/001.htm〉

　なお，同報告書において，キャリア教育推進のための方策として，以下の内容が指摘されている。
・教育課程への位置づけとその工夫
・各発達段階に応じた「能力・態度」の育成を軸とした学習プログラムの開発
・体験活動などの活用（職場体験，インターンシップ，ボランティア活動，

地域の職業調べ，幼小中高大等の多様な学校間連携，上級学校調べ等）
　　・社会や経済の仕組みについての現実的理解の促進等
　　・多様で幅広い他者との人間関係の構築
15) 全国進路指導研究会常任委員長の綿貫公平は次のように述べている。「たとえ教育的に意味のあることだとしても，『上から』『一斉に』『強制される』とりくまれ方には，『危険なねらい』を感じないわけにはいきません。」（全国進路指導研究会，2006：9）
16) 例えば次のようなものがある。村上（2003），泉美・新谷（2006），玄田（2005），上西（2006）。

〈参考文献〉
日本語文献
伊澤次男（1997）『会社をとるか，自分をとるか』はまの出版
泉美智子（文），新谷紅葉（絵）（2006）『はじめまして！　10歳からの経済学』第3巻『もしも会社がもうけばかり考えたら』ゆまに書房
今田高俊（1987）『モダンの脱構築―産業社会のゆくえ―』中央公論社
上西好悦（2006）『小・中学校　キャリア教育を支えるアントレプレナー教育』日本標準
太田肇（1994）『日本企業と個人―統合のパラダイム転換―』白桃書房
太田肇（1997）『仕事人の時代』新潮社
小笠原真（1994）『近代化と宗教―マックス・ヴェーバーと日本―』世界思想社
亀井浩明・鹿島研之助編著（2006）『小中学校のキャリア教育実践プログラム』ぎょうせい
刈谷剛彦（2002）『教育改革の幻想』筑摩書房
川端大二・関口和代編著（2005）『キャリア形成―個人・企業・教育の視点から―』中央経済社
佐藤博樹編著（2004）『変わる働き方とキャリア・デザイン』勁草書房
全国進路指導研究会（2006）『働くことを学ぶ　職場体験・キャリア教育』明石書房
玄田有史（2001）『仕事のなかの曖昧な不安―揺れる若年の現在―』中央公論社
玄田有史（2005）『働く過剰―大人のための若者読本―』NTT出版
玄田有史（2005）『14歳からの仕事道』理論社
田尾雅夫（1998）『会社人間はどこへ行く―逆風化の日本的経営の中で―』中央公論社
日本経済新聞社編（2001）『教育を問う』日本経済新聞社

沼上幹（2003）『組織戦略の考え方―企業経営の健全性のために―』筑摩書房
広田照幸監修（2006）『学力問題・ゆとり教育』（リーディングス　日本の教育と社会②）日本図書センター
福田誠治（2006）『競争やめたら学力世界一―フィンランド教育の成功―』朝日新聞社
本田由紀（2005）『若者と仕事「学校経由の就職」を超えて』東京大学出版部
松本芳男（2004）「組織デザインにおけるパラダイム・シフト」『商学集志』第74巻第2・3・4号合併号
谷内篤博（2005）『大学生の職業意識とキャリア教育』勁草書房
宮本政於（1996）『官僚の官僚による官僚のための日本？』講談社
村上龍（2003）『13歳のハローワーク』幻冬舎
山崎保寿編著（2006）『キャリア教育で働く意識を高める―小・中学校場面別導入事例―』学事出版
山田昌弘（2004）『希望格差社会―「負け組」の絶望感が日本を引き裂く―』筑摩書房
渡辺聡子（1994）『生きがい創造への組織変革―自己実現主義と企業経営―』東洋経済新報社

英語文献

Quinn, R. E. and J. Rohrbaugh (1983) "A Spatial Model of Effectiveness Criteria : Toward a Competing Values Approach to Organizational Analysis". *Management Science*, 29(3)

Ritzer, G. (1996) *The McDnaldization of Society, Revised Edition*, Pine Forge Press.（正岡寛司監訳（1999）『マクドナルド化する社会』早稲田大学出版部）

3 ベンチャー企業の組織戦略とバルーン型組織
―― 日本におけるベンチャー企業実態調査を中心に ――

加藤　茂夫

キーワード
ベンチャー企業　ベンチャースピリット　バルーン型組織　プロジェクトチーム

はじめに

　この小論では，筆者が1981年以来7回にわたりベンチャー企業を中心にアンケート調査を実施してきた結果を中心に論じ，その組織に関する考え方の特徴を概観する[1]。特に，2005年の質問項目は47項目，調査票13ページにわたる膨大なものである。他に実施したアンケート調査表もほぼ同様である[2]。その中から特に組織革新とその要因に関する項目と2004調査から導入したベンチャー企業に関する自社のポジショニングと今後の進むべき方向性に関する回答結果について述べることとする。また，今後の企業組織のあるべき姿を提言したいと考えている。特に，日本的経営組織のあるべき姿としてバルーン型組織を提唱したい。

1 調査の概要

1.1 調査対象企業

図表1はアンケート調査の調査年,対象企業数,回答企業数,調査対象企業の概要である。図表1にあるようにアンケート調査の対象企業は,大きく分けて「日経ビジネス年鑑」[3],「ジャスダック上場企業(店頭登録企業)」[4],「中小企業投資育成会社」[5]等となっている。2005年のジャスダック上場企業調査[6]は製造業を含むすべての業種を調査対象企業(以下2005調査とする場合は製造業をさすこととする)とした。1996b調査と2005調査以外は製造業を中心にアンケート調査を実施した。

1.2 調査項目

アンケート調査における調査項目としては多方面にわたるが,1.組織の実態と組織革新,2.中小企業の組織特徴,3.人事労務の課題,4.経営戦略と経営課題,5.リーダーシップの類型,6.企業成功の要因,7.企業のポジショニングとベンチャー企業への方向性,8.プロジェクトチーム等が主なも

図表 1 企業実態調査概要

調査年	対象企業数	回答企業数(回収率)	調査対象企業概要
1981	736社	245社 (33.3%)	中小企業合理化モデル工場,東京・大阪中小企業投資育成(株),日経ビジネス異色企業
1988	1334社	395社 (29.6%)	東証2部,店頭登録,日経ビジネス年鑑
1995	1114社	326社 (29.3%)	店頭登録,日経ビジネス年鑑
1996a	1361社	335社 (24.6%)	日経ビジネス年鑑
1996b	742社	101社 (13.6%)	店頭登録
2004	1361社	242社 (17.8%)	日経ビジネス年鑑
2005	945社	79社 (8.4%)	ジャスダック

2 組織革新についての考え方

2.1 企業組織改編について

　図表2は今後1年間においての組織改編の予定についての回答結果である。5回の調査に共通して言えることは「環境変化しだいでは検討したいと思う」が約4割以上となっている点である。因みに「改編の具体的検討を始めている」「すでに改編の方針・計画がある」を加えると8割を超える。中小企業といえども組織に関しては極めて高い関心を持っていることが分かる。また，その回答結果が見事に一致している点に驚かされる。時代や経営環境が大きく異なり，調査対象企業も多様化しているにもかかわらず極めて

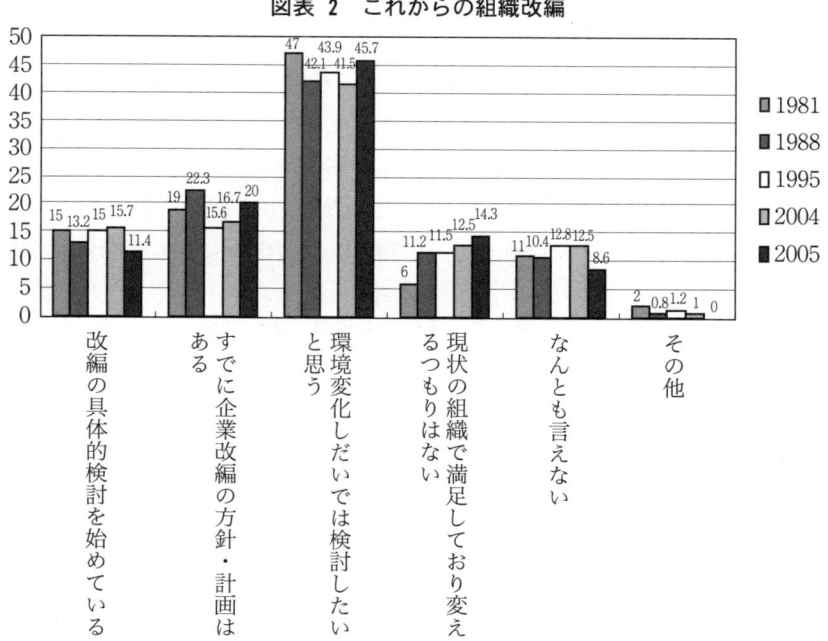

図表2　これからの組織改編

項目	1981	1988	1995	2004	2005
改編の具体的検討を始めている	15	13.2	15	15.7	11.4
すでに企業改編の方針・計画はある	19	22.3	15.6	16.7	20
環境変化しだいでは検討したいと思う	47	42.1	43.9	41.5	45.7
現状の組織で満足しており変えるつもりはない	6	11.2	11.5	12.5	14.3
なんとも言えない	11	10.4	12.8	12.5	8.6
その他	2	0.8	1.2	1	0

類似の回答結果が得られたことはある意味では健全な姿勢を示唆していると言えよう。

図表3は図表2で組織改編に関心を持っている企業がどのようなことを重視して組織改革を実行しようとするかの回答結果である。図表3にある10の項目から3つまで選んで回答してもらう質問である。

「目標・責任体制の明確化」が2005調査（他の調査と同じような回答率）を除いて最も多い回答であり，他の上位項目は「人間関係・モラールアップ」「全社的統制力の強化」「戦略部門の強化」となっている。このようになぜ組織を改革するかの理由が若干調査時期により異なってきているが，その回答結果を見ると「目標・責任体制の明確化」して高い目標を掲げ責任を持って自立的に動ける方向へと組織を導きたいとの志向が読み取れる。それは，現実と理想のそれぞれに回答してもらう項目の一つに「目標による管理」の更なる導入（1996b調査：現実68.5%，理想94.3%，2004調査：現実62.9%，理想88.7%，2005調査：現実87.9%，理想90.9%），その導入に伴って管理者の権限強化に向うかまたは一般職の権限強化に重きを置くか，つまり末端組織まで権限を委譲しようとの動きについての質問である。調査から見て取れることは（1996b調査：一般職への権限強化現実8.3%，理想50%，2004調査：現実15%，理想46.6%，2005調査：現実12.1%，理想36.4%），管理者の権限強化と一般職の権限強化の双方を重視しようと

図表 3　組織改編で重視する項目（複数回答）　　　　(%)

	1.人間関係・モラール・アップ	2.目標・責任体制の明確化	3.セクショナリズムの排除	4.全社的統制力の強化	5.部門間情報交流の円滑化	6.経営資源配分の適正化	7.戦略部門の強化	8.事業進出・撤退の円滑化	9.国際化への対応	10.その他
1981	33.1	51.4	9	35.5	17.6	29.8	33.9	15.1	23.3	0
1988	30.4	49.4	9.4	26.8	17	29.4	30.1	14.7	21.8	11.1
1995	33	63.3	13.6	32.2	24.2	34.5	34.8	18.2	28.4	2.3
2004	32.3	53.1	10.9	33.9	17.7	40.6	47.4	16.7	30.7	0.5
2005	37	51.9	3.7	29.6	33.3	29.6	63	11.1	37	0

3 ベンチャー企業の組織戦略とバルーン型組織 43

の動きである。

　そのことは調査対象企業が規模的に中小企業であり，創業者ないしトップが率先垂範して組織をリードする方向から管理者や末端まで権限を広く委譲して責任を持って業務遂行してほしいとの狙いがあるものと考える。それを裏づける調査として図表4がある。図表にあるように人事労務での課題を7項目の中から2つまで回答してもらった結果である。調査年を超えて一番の問題点は「管理者のリーダーシップ」であった。ミドルマネジメントとしてのリーダーシップに不安を抱いている姿が窺知できる。ミドルへの権限委譲とさらに組織全体への権限委譲という分権型組織を構築していこうとの強い思いが，先述した管理者の権限強化と一般職の権限強化の回答結果と結びつくのである。それは以下の組織構造で述べる組織のフラット化やチーム型組織への転換を意図していることと符合する。

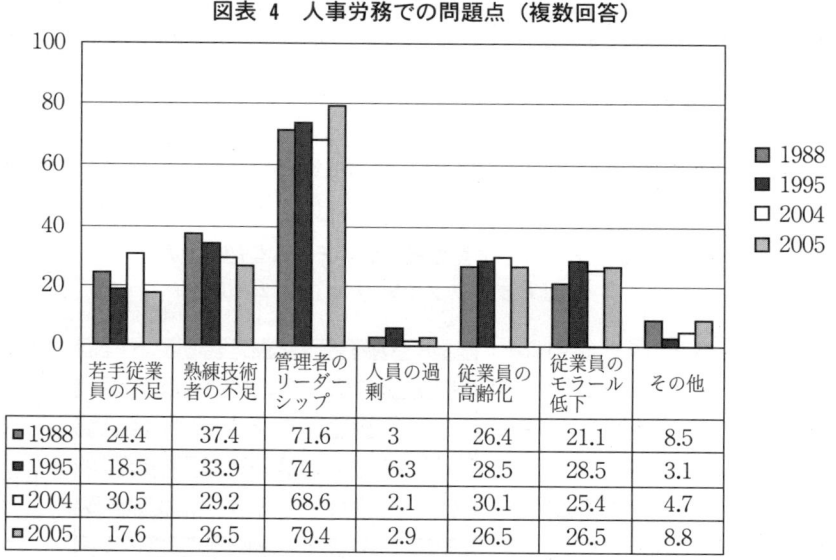

図表 4　人事労務での問題点（複数回答）

	若手従業員の不足	熟練技術者の不足	管理者のリーダーシップ	人員の過剰	従業員の高齢化	従業員のモラール低下	その他
1988	24.4	37.4	71.6	3	26.4	21.1	8.5
1995	18.5	33.9	74	6.3	28.5	28.5	3.1
2004	30.5	29.2	68.6	2.1	30.1	25.4	4.7
2005	17.6	26.5	79.4	2.9	26.5	26.5	8.8

2.2 組織の構造と機能

組織形態としては「職能的部門組織」が最も多かった（1981調査：72.1％，1988調査：67.1％，1995調査：店頭登録企業62.9％，ベンチャー企業64％，2004調査：49％，2005調査：52.9％）。他の組織形態である職能別事業部制組織，製品別事業部制組織，地域別事業部制組織に対する各調査の回答結果はそれぞれ数％であったが，事業部制として括ると10数％となる。中小企業においても何らかの事業部制組織を採用していることが分かる。

次に，これからの組織スタイルとして「ピラミッド型組織」か「チーム型組織」か，また，類似の質問として組織構造として「背の高い組織」か「背の低い（フラット）組織」かを現在の姿とこれからの理想とする姿の2つのどちらかに回答してもらった。図表5は「ピラミッド型組織」か「チーム型組織」かの回答結果である。ベンチャー企業とあるのは2004調査であり，2005調査のジャスダックは製造業とサービス業の回答結果である。約8割の企業が「ピラミッド型組織」より「チーム型組織」がこれからの組織スタイルと考えている。図表にはないが，1996b調査によると現実の姿として「ピラミッド型組織」が77.5％，理想は「チーム型組織」85.6％となっている。

それに関連して「背の高い組織」か「背の低い（フラット）組織」かの回

図表 5 「ピラミッド型組織」か「チーム型組織」か

□ ピラミッド型組織　■ チーム型組織

（単位：％）

	ピラミッド型組織	チーム型組織
ベンチャー企業(現実)	42.6	57.4
ベンチャー企業(理想)	21.6	78.4
ジャスダックサービス(現実)	60.5	39.5
ジャスダックサービス(理想)	19.5	80.5
ジャスダック製造(現実)	66.7	33.3
ジャスダック製造(理想)	6.2	93.8

答結果を見ると1996b調査，2004調査，2005調査ともに理想は「背の低い（フラット）組織」であった。1996b調査では「背の低い（フラット）組織」を理想とするが92.1%，現実は42.1%，2004調査のそれは79%，72.1%，2005調査は85.3%，67.6%となっている。

ベニス（Bennis, W. G., 1966）[9]は，未来の組織のキーワードは「一時的，臨時的（temporary）」であり，世の中の40%の人がプロジェクトチームに参加するであろうと予測していた。また，経済同友会の調査（『第11回企業白書』1994年）によると「これからの組織に必要な事柄」の回答で最も多かったのが「タテ割り組織ではなく原則的にプロジェクト単位で行う業務スタイル」であった（経営者，ミドル，若手社員とも約65%の回答）。

プロジェクトチームの採用状況について概観するとほぼ7割の企業が採用していることが分かる（図表6）。1社当たりの平均チーム数は1995調査（店頭登録）で2.66チーム，同ベンチャー企業で4.3チーム，2004調査で2.24チーム，2005調査は製造業で2.36チーム，同サービス業で2.48チームとなっている。平均的には1社当たり2〜3チームといったところだ。いずれにしてもプロジェクトチームを活用し企業の発展に寄与しようとする姿勢がうかがえる。

以上の調査結果から，これからの組織の目指すべき方向は組織をフラットにし，プロジェクトチーム等の「チーム型組織」で運営したいとの意向が読

図表6　プロジェクトチームの採用状況（%）

調査年 項目	1981	1988	1995		2004	2005	
			店頭登録	ベンチャー企業		製造業	サービス業
継続的採用	22	31.2	29.4	26.3	18.2	22.9	26.2
臨時的採用	58	40.4	58.8	40.2	30.8	45.7	45.2
廃止	1	2.9	5.9	2.7	2.5	2.9	0
非採用	18	25.5	5.9	29	47.2	28.6	28.6

み取れる。特に，権限を大幅に下位に委譲してミドルクラスに責任をもって業務を遂行できるようにし，後継者の育成をしたいとの姿勢が示されているといえよう。また，調査によると権限をさらに下位にまで委譲し，自立的に動ける体制を構築したいとの考えが見てとれる。

次に以上の組織変革を実践し，企業を成功に導く経営者の考え方を調査から概観することとする。

3 ベンチャー企業とベンチャースピリット
3.1 企業を成功に導く要因―ベンチャースピリット

経営者は企業を成功に導く要因をどのように考えているのだろうか。その因果関係を見出すのは至難の業であることは間違いない。倒産の原因はどこにあるのか。なぜ不景気でも成長する企業があるのだろうか。長期にわたり繁栄する企業の条件は何か。ベンチャー企業は本当に成長するのだろうか。等々。

1996年のアンケート調査よりベンチャー企業を成功に導く要因は何か，を質問項目に入れている。図表7はその回答結果である。図表にあるように11項目から重要と思われるものを3つまで選んで回答してもらった。

ベンチャー企業を成功させる要因として経営者が考えていることは，各調査の回答結果上位3位までを見ると，①何かを成し遂げようとする経営者の志の高さ，②環境変化を見据えた柔軟な発想，③優秀な社員の採用・育成，と各調査でほぼ同じ回答結果となっている。調査時期も対象企業も異なるにもかかわらず，多くのベンチャー企業経営者は同じ思いを共有していることが分かった。

また，経営者に必要とされている要素を尋ねた質問（社交的，誠実，独創的，楽天的，率直さ，探究心，前向き，冒険的，知性，想像性，保守的，直観，寛大，能率的，具体的，慎重の16項目から重要と思われる要素を3つ選んで回答）からも上記のベンチャー企業を成功に導く要因とオーバーラップしていることが分かる。2004調査，2005調査（製造業，サービス業を含

3 ベンチャー企業の組織戦略とバルーン型組織　47

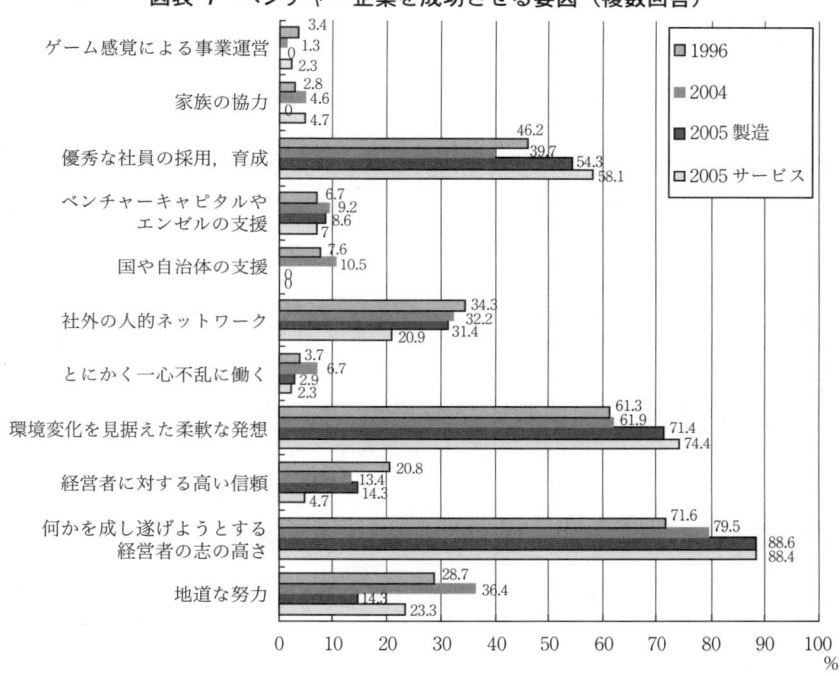

図表 7　ベンチャー企業を成功させる要因（複数回答）

項目	1996	2004	2005 製造	2005 サービス
ゲーム感覚による事業運営	3.4	1.3	0	2.3
家族の協力	2.8	4.6	0	4.7
優秀な社員の採用，育成	46.2	39.7	54.3	58.1
ベンチャーキャピタルやエンゼルの支援	6.7	9.2	8.6	7
国や自治体の支援	7.6	10.5	0	8
社外の人的ネットワーク	34.3	32.2	31.4	20.9
とにかく一心不乱に働く	3.7	6.7	2.9	2.3
環境変化を見据えた柔軟な発想	61.3	61.9	71.4	74.4
経営者に対する高い信頼	20.8	13.4	14.3	4.7
何かを成し遂げようとする経営者の志の高さ	71.6	79.5	88.6	88.4
地道な努力	28.7	36.4	14.3	23.3

むデータ）において多数の回答があった上位4項目を見ると，①誠実（2004：55.7％，2005：58.8％），②前向き（53.2％，66.3％），③独創的（38.8％，30％），④探究心（29.1％，25％）が4大要素となっている。1996a調査において「これからの社長に求められる特徴」として30項目を挙げ，いくつでも選択してもらった質問の回答結果を見ると，1位が「独創的」（79.1％），2位「前向き」（65.1％），3位「探求的」（57％），4位「誠実」（55.8％）であった。経営者に求められる資質，特徴として2004，2005の調査結果とまさに一致しており，そこからイメージされる経営者の行動姿勢として言及できることは，高い志を成し遂げるために自ら設定した独創的で，高度な目標に向かって前向きに行動し，そのアイデアが実現できるよう

に優秀な社員とともに地道に努力する姿が想起される。その精神こそ以下に論じるベンチャー企業におけるベンチャースピリット（企業家精神）である。

3.2 ベンチャー企業とは何か

筆者は1995年にベンチャー企業を「新しい技術，新しい市場の開拓（新製品・新サービスの提供）を志向した企業家精神（創造的で進取な心をもち，リスクに果敢に挑戦する意欲と責任感・倫理感を持つ心の様相―ベンチャースピリット）に富んだ経営者にリードされる中小企業である」と考えた。[10] 創業ほやほやの企業だけではなく，例えば30年，100年の伝統のある中小企業でも元気で，新規性のあるサービス，商品で世の中に貢献している場合は，「ベンチャー企業」とした。

図表8は，ベンチャー企業の位置づけと，今後企業が進むべき方向性を示した概念図である。縦軸は，先述したベンチャー企業の概念の中にあるベンチャースピリット（創造的で進取な心をもち，リスクに果敢に挑戦する意欲と責任感・倫理感を持つ心の様相）の高さの程度を表し，また，横軸は企業

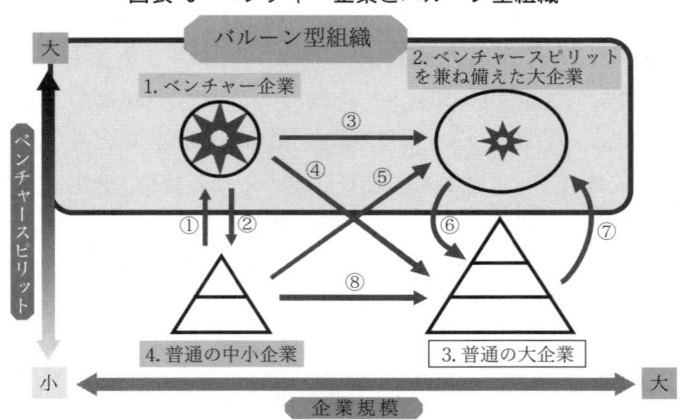

図表 8 ベンチャー企業とバルーン型組織

出所）加藤茂夫（1996）『心の見える企業』泉文堂を修正

のサイズ・規模の大小を表している。極めてシンプルだが4つのセルを設けた。ベンチャースピリットが低く，企業の規模が小さい場合は「4. 普通の中小企業」，逆に規模は小さいがベンチャースピリットが高い場合は「1. ベンチャー企業」と命名した。また，ベンチャースピリットは低いが大企業である場合は，「3. 普通の大企業」，また，大企業でベンチャースピリットを高く持っている企業を「2. ベンチャースピリットを兼ね備えた大企業」と捉えた。この「2. ベンチャースピリットを兼ね備えた大企業」は一般的にビジョナリーカンパニー，エクセレント・カンパニー，グレート・カンパニーと呼ばれている。

組織が進むべき道筋は①から⑧までの方向が考えられるが，理想は奇数の①，③，⑤，⑦，といえる。

また，図表8にある「1. ベンチャー企業」と「2. ベンチャースピリットを兼ね備えた大企業」を囲んでいる領域を「バルーン型組織 (the balloon-shaped organization)」と命名した。バルーン型組織は「組織の規模に関係なく，経営者やリーダーがベンチャースピリットを常に持ち続け，その思想や考え方が組織メンバーに浸透し，業界や社会に貢献していることが広く認知され，常に高い目標に向かって業務遂行をしているシステム」である。国や地方行政組織，地域社会，スポーツチーム，家庭，学校，企業，NGO，NPO等多くの共同体はまさにバルーン型組織を目指すべきである，と考えている。バルーン型組織のイメージは，図表10に表している。例えば，任天堂（1889年創業）は，ファミコンの発売（1983年）によって世界のNINTENDOとなったことは好例である。日本で初めての花札，トランプのゲーム事業により「1. ベンチャー企業」をスタートさせるが残念ながら「4. 普通の中小企業」になってしまう（図表8②）。しかし，3代目山内溥社長に交代し，今までの考え方を変化させ（パラダイムシフト），ファミコンの開発，販売を契機に①の方向，つまり「4. 普通の中小企業」から「1. ベンチャー企業」へ変身し，その後の企業成長により③の方向性へ移行。2004年12月には新携帯型ゲーム機ニンテンドーDSを，2006年7月にはDSラ

イトを,12月にはWiiのゲーム機を新発売し更なる躍進を遂げている。現在は「2.ベンチャースピリットを兼ね備えた大企業」として世界のゲーム機メーカーとして名を馳せている。

図表9は企業が図表8における「1.ベンチャー企業」,「2.ベンチャースピリットを兼ね備えた大企業」,「3.普通の大企業」,「4.普通の中小企業」のどこに位置づけているか(図表9にある現在のポジション)と図表8にある①から⑧の向かう方向はどちらか,の二つの質問をクロスさせた結果である。例えば,「バルーン型組織に向かう組織パス」の中の回答結果の①は「4.普通の中小企業」と自社を把握した企業のうちどれくらいの企業が「1.ベンチャー企業」に向かうかを回答した割合である。2004の①の39.8%は「現在のポジション」の箇所にあるように「4.普通の中小企業」と認識した企業が42.3%あり,その内の39.8%つまり約4割の企業が「1.ベンチャー企業に向かうと回答したことを意味する。2005(製造業)の③が100%となっているがそれは現在のポジション「1.ベンチャー企業」のすべてが

図表 9 自社のポジションとバルーン型組織への方向性

	現在のポジション		バルーン型組織に向かう組織パス		
2004(ベンチャー企業)	1. ベンチャー企業	39.8%	①	39.8%	(4→1)
	2. VSを持つ大企業	13.3%	③	42.3%	(1→2)
	3. 普通の大企業	4.6%	⑤	16.9%	(4→2)
	4. 普通の中小企業	42.3%	⑦	0%	(3→2)
2005(製造業)	1. ベンチャー企業	20%	①	12.5%	(4→1)
	2. VSを持つ大企業	6.7%	③	100%	(1→2)
	3. 普通の大企業	20%	⑤	50%	(4→2)
	4. 普通の中小企業	53.3%	⑦	50%	(3→2)
2005(サービス業)	1. ベンチャー企業	26.2%	①	5.3%	(4→1)
	2. VSを持つ大企業	9.5%	③	81.8%	(1→2)
	3. 普通の大企業	19%	⑤	63.2%	(4→2)
	4. 普通の中小企業	45.2%	⑦	62.5%	(3→2)

「2. ベンチャースピリットを兼ね備えた大企業」に向かうと回答したことを表している。「現在のポジション」で意外だった点は「4. 普通の中小企業」と自社を認識している企業が4割から5割もあるということである。調査対象企業が，少なくともわが国において上位にランクされている企業群であるからだ。しかし，「バルーン型組織に向かう組織パス」にあるように約6割の企業が「4. 普通の中小企業」から「1. ベンチャー企業」「2. ベンチャースピリットを兼ね備えた大企業」へと組織変革しようとする積極的姿勢が見て取れる（図表の①4→1，⑤4→2）。また，「1. ベンチャー企業」と認識した企業が「2. ベンチャースピリットを兼ね備えた大企業」を目指す割合が相当高いことも注目される（③1→2）。図表9にはない数字であるがバルーン型組織に向かう方向性を打ち出した企業の率は，2004で72.9%，2005製造業で80.1%，2005サービス業で92.8%との回答結果となっている[11]。実に多くの企業がバルーン型組織へ志向していることが理解できる。

4 バルーン型組織

組織構造は効率性を重視し，情報の処理スピードとコストに関係してさまざまなタイプが考えられた。官僚的組織構造はピラミッド型組織とか機械的組織構造とかタテ型組織などと言われ今日を代表するスタイルである。しかし，その効率重視型にも多くの機能障害が生じている。その障害を乗り越え，打破する組織の仕組みが考えられている。例えば構造的には事業部制，カンパニー制，マトリックス構造であるが基本的には官僚的組織構造を内包している。また，プロジェクトチームやタスクフォースの導入により組織の機能障害を除去しようと工夫している。また，持ち株会社（ホールディングカンパニー）の導入により全社的最適化を意図する戦略が採用されている。ここで論じたいことは，効率重視と人間性重視とのコンパウンドである。人間性重視は例えば従業員のモチベーションと関係するだろうし，顧客の満足とも連動する。今まで調査結果から述べた組織改革の方向性は，「ピラミッド型組織」から「チーム型組織」へ，「背の高い組織」から「背の低い（フ

ラット）組織」へであった。それは構造面の変革でもあるが，併せて機能面の改革と一体をなしていると考えられし，当然そうでなければうまく機能しないであろう。アンケート調査によると機能面では管理者の権限強化と一般職の権限強化の双方を重視し，情報の流れをトップダウン中心で実施している状況からボトムアップ型へ変更したい（2004，2005 の調査とも現実の 7 割がトップダウン型で理想の 7 割がボトムアップ型）としている。最も重要なことはベンチャースピリットをもってトップが強いリーダーシップを発揮し，組織メンバーがそのトップの理念・ビジョン・哲学・使命・方針を理解し，ベンチャースピリットをもってそれぞれのセクション（工場，支店，部・課，営業所，プロジェクトチーム等）で高い目標を掲げ，自律的に活動している状況を作り出すことである。バルーン（風船）は経営者の思いや夢などが糸によって伝達され，それぞれの小さな組織がある程度自由に活動できる仕組みをイメージしている。そのイメージが図表 10 のバルーン型組織[12] (the balloon-shaped organizaton) である。

人間を信頼し，人間の知恵を生かせるバルーン型組織へと移行することに

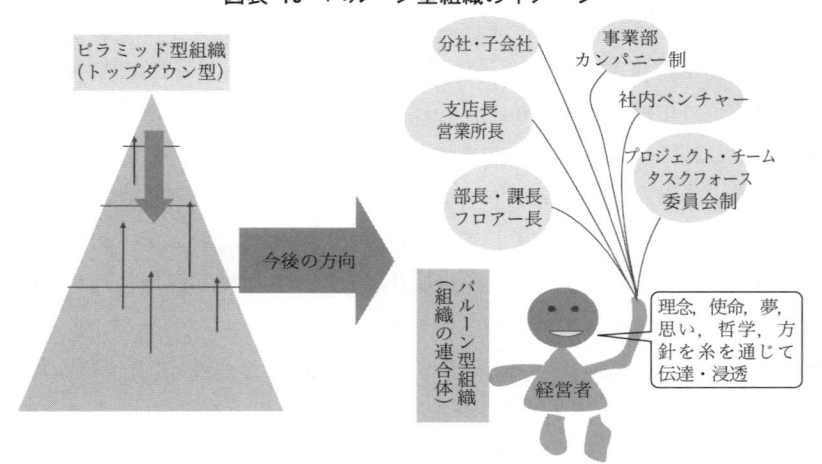

図表 10 バルーン型組織のイメージ

よって，人間としての満足感を得ることができるし，またそのサービスを受ける者にとってもそこに価値を見出す。バルーン型組織へと駆り立てるものは，創造的で進取な心，リスクに果敢に挑戦する意欲と責任感・倫理感を持つ心の様相としてのベンチャースピリット（企業家精神）であり，それを経営者のみならず，すべての組織メンバーが持つことが重要となる。組織のトップ（経営者，Jリーグのトップ，総理大臣，知事等），部長，課長，工場長，フロアー長，店長，子会社のトップ，フランチャイズチェーンの店長，スポーツチームの監督，キャプテン，組合や商店街・地域社会のリーダーがベンチャースピリットをもつことである。組織の変革はまさに現場のリーダーの意欲によるところ大なるものがある。日本人の特性として多くの若者が起業するという米国型に移行するとは考えられない。日本では組織に参加し，そこでキャリアアップを図り，その所属する身近な組織においてベンチャースピリットを持ち，行動するというイメージがバルーン型組織である。ピラミッド型組織や官僚制組織の形状をこのバルーン型組織に置き換え運営することができれば，企業と組織メンバーとの間にウィン・ウィンの関係を構築できると考える。過去のしがらみから脱却し，21世紀に存続する企業の条件は，大企業も中小企業もベンチャースピリットを組織や個人にどのように浸透させるかである。それには，「小さな組織」や「チーム型」の組織体制をもっと活用し，従業員が満足できる仕事の仕組みを構築することが人材育成の観点からも必要となろう。理想的には，企業がネットワーキングによって自立的に動ける組織の連合体とすることが必要不可欠な条件となる。また，組織内の「小さな組織」「チーム型」の連合体としてだけではなく他の外部組織とのネットワーク（連結）も重視すべきであり，多くの事例が散見できる。

〈注〉
1) 筆者は，1981年，1988年，1995年と7年おきと1996年（2回の調査），2004年，2005年に中小企業において注目されている企業，ベンチャー企業

その枠を超えた店頭登録企業（現在ジャスダック証券取引所に上場）を対象に組織，経営戦略，人事管理等に関する実態調査に関わってきた。以下の論文はそれらの調査の結果を分析した内容を中心に論じている。

　　加藤茂夫（1982 a）「組織に関する実態調査」『専修経営学論集』第 33 号，加藤茂夫（1982 b）『現代組織と人間行動』泉文堂，加藤茂夫（1992）「スモールビジネスの組織特性」『専修経営学論集』第 54 号，加藤茂夫（1995 a）「スモールビジネスの組織変革と人材活用」『専修経営学論集』第 61 号，加藤茂夫・永井裕久（1995 b）「日本におけるスモールビジネスの組織特性（III）」『専修大学経営研究所報』第 115 号　専修大学経営研究所，加藤茂夫（1996）『心の見える企業―スモール＆ベンチャー時代』泉文堂，社会経済生産性本部生産性研究所（1997）『わが国ベンチャー企業の経営課題』社会経済生産性本部，加藤茂夫・永井裕久・馬場杉夫（1998）「日本におけるスモールビジネスの組織特性（IV）」『専修経営学論集』第 66 号，加藤茂夫（2005）「日本におけるベンチャー企業の組織戦略―2004 年ベンチャー企業調査を中心に―」『専修大学経営研究所報』第 164 号　専修大学経営研究所，加藤茂夫（2006）「経営者リーダーシップと組織戦略―ジャスダック上場企業の調査から―」『専修経営研究年報』第 30 集　専修大学経営研究所

2)　2005 年調査と 2004 年調査はほぼ同じ調査票を使用している。調査票については加藤茂夫（2005）の巻末を参照のこと。1981 年に最初に実施された調査表については加藤茂夫（1982 b）を参照のこと。

3)　日本経済新聞社が最近，新聞，雑誌，書籍等で取り上げられたことのある企業（未上場）であり，ベンチャー企業としての選考基準は，①独自の技術，ノウハウを持っている，②ここ数年の成長率が高い，③会社設立後，比較的若い企業か，もしくは，社歴が古くても最近業種転換した企業となっている。

4)　株式会社ジャスダック証券取引所（Jasdaq Securities Exchange. Inc.）に公開している企業を指す。

5)　中小企業投資育成株式会社は，1963 年に中小企業の自己資本の充実を促進し，その健全な成長発展を図るため，中小企業に対する投資等の事業を行うことを目的として東京，名古屋，大阪にそれぞれ中小企業投資育成会社が設立された。中小企業投資育成株式会社法に則った株式会社である。投資実績は 3 社合わせて 2006 年 3 月現在累計企業数 3,737 社で投資額は 1,831 億円である。

6)　2005 年 1 月に実施したジャスダック，マザーズ（120 社中 13 社回答），ヘラクレス（106 社中 5 社回答）に上場している企業を対象にした実態調査で

ある。調査対象企業は，ジャスダックに上場している企業 945 社，マザーズの 120 社，ヘラクレスの 106 社すべてに対してアンケート調査を実施した。2005 年 1 月末に郵送し，回収時期は 2 月 25 日までとした。回収方法は返信用封筒で行った。対象企業から直接筆者に返送する方法を採用した。質問項目は過去 6 回のアンケート調査と基本的事項について比較できるように設計し，新たな項目を追加した。ジャスダック企業の回答企業数は 79 社で，回収率は 8.9% であった。業種の内訳は製造業 34 社，サービス業 45 社であった。マザーズは 13 社（10.8%），ヘラクレスは 5 社（4.7%）の回答となっており今回の調査結果から排除した。

7) 1981 調査：対象企業は中小企業合理化モデル企業（162 社，59 社回答），東京・大阪中小企業投資育成（株）（531 社，174 社回答），『日経ビジネス』誌に連載された異色企業（43 社，12 社回答）736 社，回答企業 245 社，回収率 33.3%。

1988 調査：調査対象企業は東京証券取引所第 2 部（6 業種 235 社，19 社回答），店頭登録企業（86 社，28 社回答），1987 年版日経ベンチャー年鑑収録企業（1013 社，348 社）で 1334 社，回答企業 395 社，回収率 29.6%。

1995 調査：店頭登録企業（6 業種，180 社，36 社回答），1994 年版日経ベンチャー年鑑収録企業（934 社，290 社回答）回答企業 326 社，回収率 29.3%。

2004 調査：2003 年版『日経ベンチャー年鑑』収録企業 1,361 社，回答企業 242 社，回収率 17.8%，2005 年調査については注 6）を参照。

8) 1996 年 11 月調査，店頭登録企業のすべての業種で 742 社対象とした。回答企業数は 101 社（回収率 13.6%），加藤茂夫・永井裕久・馬場杉夫（1998）を参照。

9) Bennis, W. G. (1966) *Changing Organization*, McGrow-Hill.（幸田一男訳（1968）『組織の変革』産能短期大学出版部）

10) 加藤茂夫（1995 a）「スモールビジネスの組織変革と人材活用」『専修経営学論集』第 61 号。ベンチャー企業の定義に関しては京都経済同友会調査・プレジデント編集部編（1972）『ベンチャービジネス—その創造哲学・企業分析—』ダイヤモンド・タイム社，清成忠男（1993）『中小企業ルネッサンス』有斐閣，松田修一監修（1994）『ベンチャー企業の経営と支援』日本経済新聞社を参照。

11) 2004 調査より新たに付け加えた質問項目で質問の内容と回答の仕方が若干不備であった点があり今後の検討材料としたい。アンケート調査は加藤茂夫（2005）を参照。

12) 加藤茂夫（2004）「リーダーシップと経営者」飫冨順久編著『経営管理の新潮流』学文社，において「バルーン型組織」を提唱。

4 現代の企業と企業体制論的接近
――企業社会責任および企業統治に関連して――

櫻井　克彦

キーワード

企業維持　企業社会責任　企業体制論　企業統治　企業の制度化　グローバリゼーション　制度的企業　高次社会的企業　社会的企業　社会経済的企業

はじめに

　企業経営をめぐり諸方面で世界的な関心を集めるに至った主題の1つとして企業統治ないしコーポレート・ガバナンスを挙げることができるが，企業統治への関心は今日も続いている。また，企業ないし経営者の社会的責任（CSR）なる問題に対する関心が，事業界はじめ社会の諸方面で改めて高まっている。この間，企業統治をめぐり法制度の面で大きな変革がみられ，事業界でも企業統治改革に向けて少なからぬ取り組みがなされてきた。そして，学界においても，企業統治の実状や望ましいあり方をめぐり，数々の注目すべき研究成果が提示されてきた。同様のことは，企業社会責任についても指摘することができる。それにもかかわらず，企業統治および企業社会責任に関する論議は未だ収束をみるに至っていない。論議のそのような継続は

一部には，現代の企業の実態とあり方をめぐり，いくつかの基本的に異なる見方が依然として存在するためである。

企業社会責任と企業統治は，一面において関連する概念である一方，基本的には次元を異にする概念である。ここでは企業経営をめぐる近年の主要論題として両者を取り上げるとともに，それぞれのより良き理解のためには，現代の企業の本質的性格の解明が不可欠であるという認識に基づいて論を進める。まず，現代の社会経済の動向を尋ねることを通じて，なぜ企業統治と社会的責任が，社会で問題となってきているかを示す。ついで，企業統治および企業社会責任の今日的動向と課題を概観することによって，企業社会責任問題と企業統治問題任への理解を深めるとともに，現代の企業の本質に対する認識の必要性を指摘する。そして，企業体制論的な接近に依りつつ大規模株式会社企業の本質的動向について考察する。最後に，現代の企業体制への理解が企業社会責任問題と企業統治問題の解明の鍵となることを再度指摘して結びとする。^(注)

1　現代の社会経済

1.1　社会経済の潮流

企業統治問題および企業社会責任問題に対して今日，事業界を含めて社会の諸方面で改めて関心が増大しているが，かかる増大をもたらした要因を把握するためには，社会経済の基本的な動向に簡単に触れておくことが適切である。

まず，過去半世紀における基本的動向としては，工業化の一段の展開，社会経済運営における政府の役割の増大，各種の大規模組織体より構成される現代的多元社会の確立，一方における経済的豊かさの一層の重視と他方における自己実現等の非経済的価値の台頭といった形での社会価値の変化，および社会のひとびとの社会経済観としての社会理念にみられる変化を挙げることができる。これらのうち，最後の社会理念の変化についていえば，それは個人主義，私有財産制度，レッセ・フェールと限定的政府，完全競争市場，

私益追求と社会利益の自然的両立の可能性，営利活動の単位としての企業等の概念・意義を強調する社会理念から，より修正された社会理念（社会経済運営への政府の役割の意義，私益追求と公益の人為的調和の必要性，企業による社会的責任の受け入れ，多目的追求の社会経済的単位としての企業等を強調する社会経済観）への主流的社会理念の移行を指している。こうした基本的動向が存在する一方，とりわけ先進経済諸国において，今日，いくつかの新しい動きがみられる。それらは，高度産業社会ないし脱工業社会の到来，社会価値の変化の継続（エコロジー・安全・平等等の価値の強調），参加の進展（成果・意思決定・情報等への参加），国内ならびに国際的・世界的なさまざまな社会問題の展開（わが国の場合については高齢化，年金・福祉・医療，少子化等。世界的には地球環境問題，人口爆発，貧困，テロ等），技術革新の進展（IT革命，遺伝子工学の進歩等），自由化・国際化の進展（政府規制の緩和・撤廃，グローバリゼーションの進展），世界的規模での市場競争の展開・激化，および社会理念の更なる変化（ネオリベラリズムないし新自由主義や，ニューライトの台頭）である。

　これらの新しい動きで注目すべきものの1つは，政府規制の緩和・撤廃および新自由主義の台頭である。国家ないし広義政府による社会経済への統制・関与の縮小を支持する社会理念，すなわち，社会経済の運行をできうる限り市場競争のメカニズムに委ねつつ，規制緩和・撤廃，官業の民営化，および政府財政支出の削減といった形で政府活動の領域と規模の縮小を図ろうとするところの，社会経済運営についての見方ないしイデオロギーは，欧米で新自由主義ないしネオ・リベラリズムや，ニューライトと呼ばれるが，かかる新自由主義もしくは，それに類する社会経済運営観は今日，欧米のみならずわが国でも，そして極言するならば市場経済体制下の国々のすべてにおいて，少なからぬ支持者を得るに至っている。むろん規制緩和・撤廃や民営化といったことに批判的なひとびとも少なからずみられるが，上記の新たな社会経済観への賛同者が優勢となっているのであって，社会思潮におけるこのような変化は規制緩和・撤廃やグローバリゼーションの展開・進行の基本

的要因である。

　この新しい社会経済観は，それが社会経済の調整における市場の意義を強調し，政府による社会経済への関与の縮小に賛同する点では，19世紀に欧米諸国でひとびとの間で広く支持を集めた，いわゆるレッセ・フェールの社会経済運営観と一面においては共通している。しかしながら，基本的には両者は異なっているといってよい。例えば，産業の内外において今日，新自由主義が一段と強調される方向にあるが，そこでは社会資源の配分における市場競争メカニズムの意義が強調される一方，産業の安定と発展における政府活動の役割も認識されている。また，企業の社会的責任への関心も産業界で高まりつつあるのであって，これらのことは新自由主義がすでにみた現代的社会理念の枠内にある社会理念として理解しうることを物語っている。

　すなわち，規制緩和・撤廃なる社会的思潮は，企業に対しその社会的責任の一段の自発的な受け入れ・実践を要請するものである。規制緩和・撤廃論は一面において，企業への政府規制の緩和，すなわち社会に対する企業の法的・強制的責任の軽減を主張する一方，それはまた，政府ならびに公的統制に代わって企業自身がその行動を社会の利益に適しめるべく自ら律することの必要性を認識する。それは寡占的大企業が今日，グローバルな規模で社会経済の運行に影響を及ぼしえ，また及ぼしつつあることを認めるとともに，企業による社会的責任の自発的引き受けの不可避性を認めるのである。

　20世紀の第4四半期以降とりわけ顕著となった社会経済の他の重要な動向のうちにグローバリゼーションを含めることに，異論はないと思われる。グローバリゼーションとは経済，政治，文化等の諸分野においてその構成主体・要素が，国や地域を越えて自由に移動・交流することを含意する。経済のグローバリゼーションは，資本，労働，財・用役，技術といったものが国や地域の障壁・規制に妨げられることなく移転しうることを含むが，貿易や為替，投資の自由化の進展のなかで，ならびに情報通信技術と交通運輸技術の発展のなかで今日，グローバリゼーション，とりわけ経済のそれが急速に進んでいる。多国籍企業の展開は経済のグローバリゼーションの結果である

とともに，経済をはじめとする社会の諸分野におけるグローバリゼーションの更なる進展を生みつつある。こうしたグローバリゼーションが上述の政府規制の緩和・撤廃と密接に関わりあっていることは，明らかである。

グローバリゼーションは，企業と社会の関係を一段と複雑なものへと導いており，企業に対し社会的責任問題への一層の対応を迫っている。このことの一端を示すならば，グローバリゼーションは企業のステークホルダーに関してその更なる多様化と地理的所在の世界化をもたらしているとともに，ステークホルダー間の，ならびに同一ステークホルダー内の深刻な利害対立を生んでいるのであって，近年における，途上国での多国籍企業批判の高まりはそのような対立の存在の一例である。

1.2 企業社会責任・企業統治問題の展開

規制緩和・撤廃やグローバリゼーションが展開・進行するなかで，企業は今日，その社会的責任への自発的取り組みを社会からますます求められている。企業の社会的責任とは企業ないしその1次的主体たる経営者が企業の内外をめぐるさまざまなステークホルダーの期待に応えることを意味する。

企業ないし経営者の社会的責任なる問題が社会と企業自身の双方において強く意識されるようになったのは，大企業による社会経済の支配が顕著となってきた20世紀に入ってであるが，社会的責任の出現期にあっては，主として，各種の市場における大企業の支配力をめぐり企業の社会的責任が問われた。20世紀の半ば以降になると，そのような市場権力関連責任に加えて他の種類の責任が出現する。公害問題ないし地域環境問題をめぐる企業責任や職場における疎外等をめぐる企業責任をはじめとして，各種の新たな責任が社会的責任に加わることになる。それは，資本主義企業がその本来の社会的役割たる，市場での財・用役の生産・配給という活動の課程において派生するところの問題に関わるという意味でいわば派生的責任と呼びうる種類の社会的責任であるが，こうした責任が出現する。更にこの時期においては，国や地域社会が抱える幾つかの社会問題の解決に社会貢献として取り組むと

いうような社会貢献責任も責任に加わることになる。このように，派生的責任と社会貢献責任ないし社会問題対応責任が社会的責任に加わることになる。そして，20世紀も終盤に至ると，人口爆発・地球温暖化・資源枯渇・貧困等の世界的・地球的規模の社会問題の展開のなかで，企業の社会貢献責任に新たなものが含まれるようになるのみならず，社会経済のグローバゼーションに伴う世界的大競争時代の到来のなかで企業の維持・存続という，ステークホルダーに対する企業の基本的な責任が，社会的責任として出現する。

　20世紀の最後の四半期になって，とりわけ90年代に入って世界的規模で事業界と学界の双方で熱心に論じられるに至った主題の1つにコーポレート・ガバナンス，つまり企業統治ないし会社統治を挙げることができる。企業統治をめぐる論議では，企業不祥事の防止と企業競争力の向上の見地からいかに経営者を規律づけるかが焦点になるとともに，そこでは，企業は誰のものであって，どのような目的に向けて運営されており，また運営されるべきか，また，企業の目的に適うような行動を経営者にとらせるためには，どのような仕組み，とりわけ株式会社におけるそれが構築されるべきか，といった問題が議論される。そして，こうした論議をうけて，各国で法制度および企業実践においてさまざまな改革がなされてきたとともに，論議と改革の動きは今日も継続している。米国の場合であるが，エンロン社が破綻し，同社の粉飾決算が問題になった2001年のエンロン事件等をきっかけに，2002年に，企業会計改革法が制定されたことは，記憶に新しいところである。また，英国ではハンペル（Hampel）委員会が1998年に，企業統治原則たる統合規範（Code of Best Practice）を発表しており，その内容がロンドン証券取引所の上場規則に盛り込まれるに至っている。わが国においても，ここ十年余の間に，企業の株主指向性の促進，業務執行経営者に対する監査役や取締役会の監督の強化，および経営者の業務執行面の自由度の増大を図る方向で一連の商法規定の改正がなされている。

2 企業社会責任・企業統治問題の今日的動向と課題
2.1 企業社会責任・企業統治問題の今日的動向
（1） 企業社会責任問題の今日的動向

はじめに，企業社会責任について，その今日的動向をみていくことにする。

すでに指摘したように社会的責任にはさまざまな範疇ないし次元のものが存在するのであって，それは今日，企業維持責任を基底に，その上に市場権力関連責任ないし市場関連責任，派生的責任，社会貢献責任が順次，層をなす重層的責任として存在することになる。このように今日の社会的責任は責任の重層的構造が存在すること，およびグローバルな社会問題への対応の責任および企業維持（とりわけ企業資本の維持）の責任が強調されていることを基本的な特色とするが，他の特色として，派生的責任ならびに社会貢献責任として新たにさまざまな責任が出現していること，および企業活動のグローバル化のなかで多国籍企業関連のいくつかの責任が生まれるに至っていることを挙げることができる。派生的責任ならびに社会貢献責任の新たな展開についていえば，そのような責任の種類はステークホルダーにおける価値観の変化，権利意識の増大，参加への関心の高まり等を反映しつつ，近年，一段と増大の方向にある。対従業員責任としての登用における男女の平等や精神面のケア，対消費者責任としての顧客の個人情報の保護や製品のユニバーサル化といったものは，かかる派生的責任の例であり，対従業員責任としてのボランティア休暇制度や雇用延長制度の導入，環境関連の対公共責任としてのグリーン購入や温暖化ガス放出量削減といったものは，そうした社会貢献責任の例である。これらの新たな責任を含めて，社会的責任は今日の企業にとって，かなりに不可避的・強制的な種類の責任として現れるに至っているといってよい。少なからざる企業評価団体・機関がそれぞれ独自の基準に拠りながらではあるが，さまざまな種類の派生的責任や社会貢献責任を取り上げ，企業によるこれら責任の履行の程度の面から企業業績を測定・評価す

るとともに，その結果を公表しており，部分的にではあるが消費者，投資家，従業員，地方自治体，企業等もそのような公表結果を参考に市場で，あるいは社会で企業と接するようになってきている。

　多国籍企業関連の責任の展開についていうならば，はじめに，社会経済のグローバリゼーションが社会のひとびと，とりわけ発展途上国のひとびとに対してもたらしている，もしくはもたらしうるベネフィットとコストをめぐり，今日，グローバリゼーションについての賛成論と反対論の間で意見の厳しい対立がみられることを挙げることが適切である（Carroll and Buchholtz, 2003）。例えば，自然環境へのインパクトに関しては，賛成論者が，グローバル資本主義は急速な経済成長，環境浄化に必要な資源，より効率的な二酸化炭素削減技術の開発，生態系の保護，汚染の減少といったものをもたらすとする一方，反対論者は，生態系の搾取と破壊，環境への負のインパクトの無視，より一層の汚染（とりわけ二酸化炭素による），地球温暖化の加速化を指摘する。途上国へのインパクトに関しては，賛成論者は，市場の開放と国境を越えた投資は国家の経済発展，高い生活水準，よりよい作業条件，より清浄な環境といったものへの鍵であるとする一方，反対論者はグローバル資本主義，WTO，および世界銀行といったものが共謀して途上国を債務国にし，地域の経済を破壊し，ひとびとを更に貧困化せしめているとする。

　今日の企業はグローバリゼーションをめぐるこのような賛否両論の存在の中で，とりわけ途上国におけるグローバリゼーション反対論の高まりのなかで，多国籍企業をめぐる社会的責任問題への対応を不可避としている。展開途上にあるに過ぎないとはいえ，さまざまな形で国際的な組織により多国籍企業関連の企業行動基準が制定されつつあることは，今日の企業がこの種の責任問題への対応を回避し得なくなってきていることを企業自身も認識しつつあることを示すものである。そのようなグローバルな行動基準の内には，コー原則，グローバル・レポーティング・イニシアティブ，グローバル・サリヴァン原則，多国籍企業に対するOECDのガイドライン，国連のグローバル・コンパクト等が挙げられる（Carroll and Buchholtz, 2003）。最後の国

連のグローバル・コンパクトは，企業が遵守すべき原則として，人権関連の原則，労働関連の原則，および環境関連の原則を示し，人権保護の支持，人権弾圧への非加担，結社の自由と団体交渉の権利の尊重，強制労働の廃止，児童労働の廃止，雇用と職業における差別の除去，環境問題への予防的取り組み，環境へのより大きな責任の受け入れ，環境に負荷をかけない技術の開発と普及を求めている。

（2） 企業統治問題の今日的動向

企業統治をめぐる論議と，改革の動きの一端についてはすでに指摘したが，わが国の企業統治改革の今日的状況について更にいえば，つぎのようである。

まず，大会社における監査役の人数増加や社外監査役の導入（1993），株主代表訴訟の印紙代の規定変更（1993），特殊株主への利益供与に関する罰則強化（1998），委員会等設置会社制度の導入（2003），委員会設置会社制度の適用対象の拡大（2005）等といった形で，商法規定の改正がなされており，大会社のごく一部とはいえ，いくつかの有力企業で委員会設置会社への移行もみられるに至っている。委員会設置会社は，監査役が存在せず，代わりに取締役会に指名委員会，報酬委員会，および監査委員会が設けられるとともに，これら3委員会はそれぞれ，過半数の外部取締役により構成されること，また，取締役会は経営方針の決定と業務執行の監督にあたる一方，業務執行は執行役および代表執行役が担当することを特色としている。なお，委員会設置会社に移行しないものの，少なからざる大企業でこのところ，外部取締役の導入や執行役員制の設置がなされている。

これらは経営機関および経営監視機関の改革をめぐる商法と企業実践の動きであるが，株主側の動きとしては，メインバンク・システムの機能低下や時価会計制度の導入もあって企業と事業会社・銀行間の株式の相互持合いの程度が減少するようにみえるなかで，投資信託，年金基金，信託銀行，保険会社等といった機関投資家の企業への関与が増す傾向にあることや，株主総

会での質問や提案，その他の形で，個人株主の一部も企業統治に関わり始めていることが挙げられる。機関投資家の動きについていえば，投資信託や年金基金は従来，資金運用を信託銀行・生命保険などの運用受託機関に任せ，また運用受託機関側も投資先企業の総会での議決権行使等に消極的であったが，近年の厚生年金連合会の動きにみられるように，運用受託機関に議決権行使と行使状況報告を求める動きも存在する。

これらのことは，我が国においても近年，株主の企業統治への関与の復活傾向，ならびに監査役や取締役会の再機能化の動きがみられることを示している。ただし，これらの傾向・動きが従来からのいわゆる経営者支配の完全な解消に導きつつあるかは，問題である。例えば，従来型会社における監査役（会）の場合，取締役の職務執行と企業の会計を適法性の面から適切にチェックすることが求められるが，内部出身者が多く，企業情報への接近可能性についても制約がある監査役に十分なチェックを期待しうるかは疑問であるし，委員会設置型会社における監査委員会構成取締役の場合も，外部取締役の法的要件が甘いこと，および，適法性と妥当性の両面から取締役と執行役を監査するに必要な企業情報入手のための法的権限が十分でないことが問題となる。あるいは，従来型会社では取締役会は重要業務の意思決定と，代表取締役の業務執行の監視を担当するが，取締役は業務を担当しうるため，通常は業務執行者が自ら執行の監視にあたることになる。また，委員会設置会社でも，業務の基本方針の決定および業務執行の監視を担当する取締役会と，業務執行を担当する執行役の間に理論的には機能分離がみられる一方，執行役の取締役兼務が可能なため，実際にはそのような分離はあまり存在しないことになるのである。こうした問題がみられるものの，経営者への株主による影響力が強まりつつあることは，確かである。株主の側における注目すべき他の動きとして，SRI，エコ，サスティナビリティ，社会貢献等の語を名称の一部に冠したいくつかの社会的責任投資ファンドが生まれており，機関投資家や個人投資家の投資目的に変化の兆しがみられることに注意が払われる必要がある。

ついでながら、企業ないし経営者とステークホルダーとの関係に関しては、我が国の場合を含めて、多くのステークホルダーが今日、株主以外の形でも企業への影響力を有するに至っていることを忘れてはならない。ステークホルダーは、基本的には従業員、供給者、消費者、地域社会等といったその本来の役割を通じて市場や社会で企業に関わりあうが、ステークホルダーによる関わりあいには、グリーンコンシューマリズムのような形での、これまでとは異なる種類の市場的関わりあいや、政府やNPOへの働きかけを通じての企業との新たな間接的関わりあいもますますみられるようになっている。企業とその経営者は多様なステークホルダーから、市場と社会におけるこれらのさまざまな関わりあいへの適切な対応を不可避としつつあるのであって、こうした意味では、企業統治のシステムは広義には、株式会社制度内での企業とステークホルダーの関係以外にも、各種の市場的ならびに社会的諸関係を含むものとして理解されねばならないのである。

2.2 企業社会責任・企業統治問題の課題

企業は今日、社会の諸方面から社会的責任の受け入れをますます求められており、受け入れは企業にとり不可避であるといってよい。企業によって影響を受けるひとびとは、ステークホルダーとして、さまざまな形で企業の成果・意思決定・情報・所有に参加しつつある。また、グリーン・コンシューマリズムや社会的責任投資にみられるように、部分的にではあるがステークホルダーの市場取引目的の多元化と市場の変化もみられる。しかしながら社会的責任の企業による受け入れ可能性を疑問視する見解、社会的責任の受け入れに伴う課題を指摘する見解、更には社会的責任概念の危険性を指摘する主張が、以前より論者の間に存在してきたのであり、近年においても改めて展開をみている（例えばBakan, 2004）。社会的責任の実践をめぐる今日的課題と考えられるものについてその一端を示すならば、つぎのようである。

そのひとつは、社会的責任とはステークホルダーの期待に応えることであるが、この場合、ステークホルダー間の利害対立をどのような基準によって

解決するかは至難とするものである。第1に,ステークホルダーのいずれを第一次的なものとするかを巡っても,論者の間に意見の一致はみられない。また,企業の成果の配分についての確立された基準は未だ存在しない。天然資源に関する将来の世代の権利への配慮のごとき,現在のステークホルダー以外のステークホルダーに対する責任をも責任問題に含めるとき,利害対立の解決の困難さは更に増すことになる。これらに加えて,多様・複雑な責任問題に対応するには経営者の能力と時間には限りがあることや,企業は地球環境問題を含む社会問題に対応するための十分な財務的・人的資源をもっていないことも挙げられる。

あるいは,グローバリゼーションの展開に伴う企業間の市場競争の激化や,現存の会社法の下での株主主権の存在は,企業による広範な社会的責任の受け入れに関して限界を設けがちである。グリーン・コンシューマリズムや社会的責任投資のような製品市場や資本市場における新しい潮流が企業による責任受け入れを促進しつつあることは否定し得ないが,それへの過剰期待は禁物であるようにみえる。更には,企業による研究教育機関や文化活動への寄付のような,企業の社会貢献活動は,企業価値の社会支配をもたらすという批判も存在する。

こうした社会的責任批判はそれなりの意義を有するとみてよい一方,現代の企業が多様なステークホルダーに責任を有しており,責任の実践を不可避としていることは否定しえないようにみえる。しかしながら,かかる責任肯定論が真に説得力をもつためには,現代の企業とは何か,それはどのようなものとなりつつあるのかについての考察が不可欠となるといってよい。

現代の企業の本質についての理解の不可欠性は,企業統治に関してもいいうる。企業統治の今日的動向についての諸論者の見解は,現代の株式会社企業の経営者が株主の利益への一層の配慮を要請されつつあることを示す一方,それはまた,株主自身の性格が一面では,その投資への経済的報酬の追及者という伝統的な性格を脱しつつあることや,株主以外のさまざまなステークホルダーが企業統治に関わりつつあることをも明らかにしている。そし

て，これらのことは，現代の企業が伝統的な企業に回帰しつつあるというよりは，むしろ，その内外をめぐる多様なステークホルダーのさまざまな期待（その総体が企業の社会的責任の内容を構成する）への応答を不可避としており，企業の目標が多元的となっているということを示唆するようにみえるとともに，それはまた，そのような多元的目標の達成を可能にするような企業統治システムの構築が現代の企業に求められていることを物語るように思われる。

企業統治問題のより一層の解明のためには，企業の根本的目標の本質をどう解するかについての徹底的な考察が必要である。企業は，究極的には株主の利益への奉仕を目的とするのか。あるいは，それは，それに利害をもつ各種ステークホルダーの用具であり，経営者の任免には株主以外のステークホルダーも参加すべきであるのか。それとも，それはステークホルダーとは区別された，それ自身としての存在であり，企業の目的は企業それ自体の存続であって，経営者の任免にもこのことが反映されるべきであるのか。これらは，企業統治をめぐる基本的課題である。現代の企業はグローバル企業として，その種類と期待に関してますます多元化の方向にあるステークホルダーへの応答を要請されているとともに，既存のステークホルダーの現在および長期の期待に加えて，将来のステークホルダーの期待にも応えることを望まれつつあるようにみえる。これからの企業に相応しい企業統治の仕組みは，こうした状況を踏まえることを要するようにみえる。この場合，現在および将来のステークホルダーの長期および短期の期待に対応しうるような企業統治システムの構築について更にいうならば，経営者を選・解任し監視する主体に，ステークホルダー代表とは別の，いわば企業それ自体の代表といえるものを加える必要があるのではないか，ということが問題となりうるであろう（Evan and Freeman, 1993）。現代の企業統治論にあっては，実践にワーカブルであるようなガバナンス・システム，すなわち，グローバルにステークホルダーの利益が代表されるとともに企業それ自体の利益が代表されるような，そして，市場競争と市場外でのステークホルダーの諸期待の双方に適切

に対応しつつ，企業存続を実現せしめるための相当程度の経営的自由を経営者に付与しうるようなガバナンス・システムとは何であるかについて考えることが不可欠であるとともに，そのような企業統治論の展開のためには，企業の本質的動向の探求が不可欠となるのである。

3　現代の企業体制
3.1　企業の発展動向
（1）　企業の発展動向と企業体制論的接近

現代の企業とは何であり，どこに向かいつつあるのであろうか。ここでは，資本主義経済社会の企業は企業と社会の双方における変容のなかで発展的に変化するという，企業についての発展論的な接近，すなわち，こうした意味の企業体制論的な接近に拠りつつ，現代の企業について考察することにしたい。この場合，企業体制論的接近における企業体制論については，「企業を1個の変容するシステムとしてとらえ，所有・経営・支配の3要素を主な分析用具としながら，企業の構造と行動に内在する原理を低次のものから高次のものへという形で発展的に理解しようとする理論（森本，1997：9）」と解することにする。こうした企業体制論的接近による企業の発展の理解に関しては，さまざまな種類を考えうる（例えば山城，1961）が，ここでは，企業は社会の所産であって，企業は企業自身をもその構成要素とする資本主義経済社会の変容のなかで変化していかざるを得ないという見方をとる。より具体的には，大企業の展開と社会経済へのその影響力の増大，専門経営者の企業支配の展開，社会のひとびとの社会経済観の変化，および各種の企業環境主体ないしステークホルダーの出現と企業へのその作用の強まり，といった資本主義経済社会の変容のなかで，企業は伝統的企業から経営者的企業へ，ついで経営者的企業から制度的企業へと発展するとともに，制度的企業も社会経済のグローバル化に応じて，社会的企業としての制度的企業から，社会経済的企業としての制度的企業，更には高次社会的企業としての制度的企業へと発展的に変化していくという見方をとる。

すなわち，資本主義諸国では熾烈な企業競争の存在と技術革新の展開のなかで，大規模株式会社企業の展開と経済の寡占化がみられた。企業競争と技術革新は企業に巨額の資本の調達を要請することになるが，株式会社の特質たる資本の証券化，有限責任制度，および大衆資本の動員可能性は，株式会社企業がかかる要請を満たしつつ大規模化することを可能にしたとともに，企業間の競争は必然的に少数の企業による産業の支配へと導くことになったのである。このようにして，とりわけ20世紀以降，株式会社形態をとる大規模企業は社会経済に対するその影響をますます強めつつ今日に至るのであるが，その間において企業の基本的性格も大きく変化した。すなわち，所有の分散，経営管理機能の高度化，株主の機関化等に伴い所有と経営の分離および経営者支配が進むなかで，また，社会経済に対する企業の権力と影響力の増大に伴い企業行動への社会の関心が増大するなかで，更には企業活動の長期化ないし企業における資本と労働のいわゆる固定化がみられるなかで，企業の性格はその株主のための用具という株式会社企業としての伝統的性格を脱するに至る。それは株主を含む多元的なステークホルダーの用具という性格，つまり制度的性格へと変化しているのであって，現代の企業の基本的特質として企業の制度化を挙げることができる。今日，代表的企業としての大規模株式会社企業は制度的企業の性格を顕著に有するに至っており，その目的は多元的ステークホルダーへの奉仕ないし企業の存続・成長であるとみてよい。この場合，制度的企業にも発展段階が考えられるのであって，それは社会的企業の段階から，社会経済的企業の段階に，更には高次社会的企業の段階へと進むようにみえる。

　制度的企業のこのような動向について更に説明するならば，まず社会的企業とは，グローバリゼーションの展開以前の，20世紀後半の資本主義社会における企業像である。この時期の社会にあっては，企業の国際化が進みつつあるにしても，企業は基本的にその本国の社会経済的秩序の下で活動する。寡占企業間の市場競争が存在するなかで企業はその多元的な経済的目標の達成に向けて，制度化以前の段階における企業と同様に市場環境への適応

を依然, 必要とする一方, それは市場外部のさまざまな社会的要請に応えることも必要とするのであって, それは市場への適応に加えて, 新たに社会の適応をも必要とする。企業適応のための戦略的環境として社会的舞台といいうるものが出現しているのであって, 企業は多元的ステークホルダーの非経済的目標の追求ならびに社会的舞台への適応をも要請されることになる。社会的企業とは, こうした状況の下にある制度的企業を意味している。

社会経済的企業についていえば, 今日の社会経済にあっては, グローバリゼーションやIT革命等の技術革新の展開に伴い, 市場の世界化, 世界的規模での企業競争の激化がみられるのであり, 企業はその多様なステークホルダーの経済的期待に応えるためには, 世界市場への適応に努めつつ資本の維持ならびに経済的業績の達成を図ることを改めて必要としている。同時に企業は社会的責任（それは地球環境問題を含むさまざま社会問題の解決に寄与するという社会貢献責任を含む）の履行を一段と社会から期待されつつあり, 社会への適応にも努めねばならない。社会経済的企業とは, 多元的な経済的ならびに社会的目標を追求するところの, ならびに世界的な市場ないし経済と世界化した社会的舞台の双方をその戦略的環境とし, それの適応を図るところの今日の制度的企業を指している。最後に高次社会的企業についていえば, それは社会経済的企業のつぎの段階の企業像である。今日の社会経済は世界的規模で市場経済化, 更には資本主義経済化しつつあるとともに, 比較的少数の多国籍企業による産業支配への動きがみられる。このことの予想される結果の1つは, 世界的規模における寡占的市場の形成である。他の予想される結果は, 企業による社会的責任の引き受けへの社会的要請の世界的規模での高まりである。世界的規模で法と秩序が形成されることは, さしあたり望みえない一方, 多国籍企業に対するさまざまなステークホルダーの圧力は今日増大の方向にあり, 企業の戦略的適応環境として世界規模の社会的舞台が新たに出現しつつある。企業は世界的規模で提示されるさまざまな社会的期待の充足に向けて, かかる社会的舞台での適応に努めねばならない。高次社会的企業はいわば社会的企業の世界版であって, 制度的企業にし

て社会経済的企業である今日の企業は、いずれ、このような高次社会的企業に移行すると考えられる。

(2) これからの企業像としての高次社会的企業

制度的企業とは、一言で言えば、各種のステークホルダーの期待への応答をその目的とする企業を指すが、制度的企業についても、上に記したように幾つかの段階を考えることができるとともに、ここではその一応の到達点として高次社会的企業を想定することにする。

すでにみたように、制度的企業のうち社会的企業は、国内的な取引のみならず国際的な取引にも従事する一方、基本的には単一の特定国家の政治的・経済的・社会的諸制度の下で活動するところの企業を、ならびに寡占競争的な国内市場での支配的地位を背景として展開する企業責任への対応、すなわち市場でのその優越的取引地位利用の自制の責任、および市場外における社会的要請への応答の責任といったものへの対応を、寡占的市場での競争への対応と並んで企業の戦略的活動の主要課題とするところの企業をいう。社会経済的企業にある段階の企業とは、一国的な諸制度の下からある程度離れて、多国的もしくは世界的な諸制度の下で活動するところの、ならびに一方での世界的規模での市場競争への対応と、他方での一段と種類が増大する各種のステークホルダーの多様な期待への応答とを同時に企業の戦略的活動の課題とするところの企業をいう。企業のこの段階にあっては、ステークホルダーの経済的期待に応えるための原資としての収益の獲得条件は、市場における寡占的要素の減少により、前段階の企業の場合に比して格段に厳しいものとなる。また、企業の経済的維持が企業の基本的な社会的責任として、経営者によって意識されることになる。今日の大規模株式会社企業は、この段階に到達しているとみてよい。

高次社会的企業とは、企業間の世界的な市場競争の結果として生ずるグローバルな寡占競争体制と、法や経済、社会における、ある程度の世界的な統一的秩序の広がりとから生まれるところの企業体制であり、それは高度にグ

ローバルな企業として，いわば前記の社会的企業が世界的規模をもちつつ，より高度化したものである。企業はいずれ，この段階に到達することが予想される。いくつかの産業において近年，世界的規模で企業間の統合や提携がみられることや，企業の社会的責任についての国際的な規格や基準の確立に向けて各種の国際機関が今日，取り組みつつあることは，こうした予想を裏付けるものである。発展段階的にみると，資本主義経済社会の企業は伝統的企業から，経営者的企業という過渡的段階を経て，制度的企業へと発展してきたとともに，制度的企業も社会的企業から，社会経済的企業なる過渡的段階を経て，高次社会的企業に到達することが予想される。今日の企業は多国籍企業にして社会経済的企業であるという移行的段階にあるが，それはいずれ，高次社会的企業としてのグローバル企業に到達するであろう。将来の代表的企業像を，従来型の階層的大組織より，ネットワーク型組織のような新しい組織形態のうちに求めようとする見解（例えば Micklethwait and Woodridge, 2003）も存在するが，ここでは上記のように考えることにしたい。

3.2 企業の根本目標としての企業維持

企業社会責任および企業統治について論じることは，何らかの形で企業の目的を論じることを含んでいる。企業目的ないし経営目的の概念に関しては，企業目的は企業の基本的な目的にして企業ないし経営者の価値観・事物観であるところの企業理念ないし経営理念と，企業行動のより具体的な目的であるところの企業目標ないし経営目標からなるという見方（高田，1970）が一般的であるが，ここでは，かかる企業目的概念をとるとともに，経営理念と経営目標に通底する企業の根本的な志向状態を企業の根本目標ないし指導原理と解する。企業の指導原理については，これまでに，企業の法的所有者としての株主への営利追求をもって企業の企業指導原理とする伝統的な見方以外にも，専門的経営者の効用の追求を企業指導原理とする見方，株主のみならず，経営者と従業員といった企業内部のひとびとへの奉仕も企業指導原理とする見方，株主と企業内のひとびとに加えて他のいくつかのステー

ホルダーへの奉仕も企業指導原理に含まれるとする見方，更に進んで，企業の存続・成長こそが企業指導原理であるとする見方等，さまざまのものが論者によって主張されてきているとともに，それぞれの見方のうちにも，ニュアンスを異にした見解が存在している。ここでは，資本主義経済社会の企業とその目的は，企業と社会の双方における変容のなかで発展的に変化するという，企業についての発展論的な接近，すなわち，こうした意味の企業体制論的な接近に拠りつつ，現代の企業指導原理について改めて考察する。

　さて，企業指導原理に焦点を当てつつ企業の発展動向について更に論ずるならば，今日の企業は，所有者としての株主に第一次的に奉仕する伝統的企業の段階および経営者が企業の最高決定を支配しうる経営者的企業の段階を経て，多元的なステークホルダーの多様な利益を追求する制度的企業の段階にあるとともに，制度的企業としてのそれはその種類において比較的限定されたステークホルダーについてその期待に対応することを根本的目標とする段階から，より多元化し国際化したステークホルダーの多様な期待への対応としての企業存続を根本的目標とする段階に到達しており，それは更に，現在および将来の多様なステークホルダーが抱く広範な期待を充足することを意味する企業存続・成長をその根本的目標とする段階，換言すると，こうした意味の，企業それ自体の存続・成長そのものが企業指導原理となる段階に到達しつつあるようにみえる。収益から費用を控除したものとしての利益の獲得を追求することが伝統的企業の具体的な指導原理であったが，制度的企業にあっては，企業収益の増大と，諸ステークホルダーおよび企業自身への獲得収益の適切な配分とからなるところの経済的目標を主要な目標として追求するとともに，ステークホルダーの非金銭的な面での期待への対応を意味する非経済的目標の達成にも努めることが求められているのである。

　この場合，制度的企業のうち，とりわけ社会経済的企業にあっては，こうした諸目標の達成に向けて，世界市場における企業間の競争への対応方策と，世界的広がりをもつ社会からのさまざまな要請・期待への応答方策とからなる総合的経営戦略をグローバルな社会経済のなかで策定・遂行すること

を，つまり，かかる意味での社会経済的適応に努めることを必要とする一方，制度的企業の一応の到達点と考えられる高次社会的企業では，グローバルな寡占的競争にいかに対応するかということもさりながら，グローバルな社会が期待するような形の市場内外における行動と成果をいかにして実現するかが，経営戦略面で重要となる。そして，このような社会経済的企業および高次社会的企業の段階にあっては，企業の存続なる概念が企業の根本的目標の面で大きな意味をもつに至るのである。

　企業の根本的目標をもって企業の存続もしくは存続・成長とする論者は，数多く存在する（例えば Drucker, 1958）が，なぜ存続が根本的目標とされるかについては，必ずしも十分な説明がみられないように思われる。論者が企業の根本的目標として存続を措定する理由のいくつかを挙げるならば，経営学方法論的な理由（さまざまに解釈が可能な企業の根本的目標を，抽象的に存続もしくは存続・成長と規定しておくことは，経営学の理論的側面および政策論的側面のいずれにおいても，論理展開をより容易ならしめる），法人としての株式会社企業（株式会社企業は少なくとも法理論的には，法人として出資者からさえも分離した，そのステークホルダーとは区別されるところの永続を想定された独立的存在であり，ここからそれは自然人同様，存続を根本目標とする），組織体としての企業（企業は複数のステークホルダーと相互作用的関係にあるシステムであり，それは，ステークホルダーとの間の交換的関係を維持しつつ存続していくことをその根本的目標として有する）等，さまざまなものを示すことが可能である。

　ここでは，これらの存続目標説のうち，制度的企業観に立って企業を多元的なステークホルダーのいわば共有体とみるとともに，諸ステークホルダーの利益は基本的に企業の存続によって満たされるのであり，ここから存続が企業目的となるとする見方，および企業は制度的存在であり，多元的ステークホルダーの現在あるいは短期の利益への奉仕の責任を課せられている一方，それは多元的ステークホルダーの長期利益の追求者として，ならびに，今後の出現が予想されるステークホルダーのいわば代表者として，自身の存

続を第一次的に追及するのであって、こうした意味での存続が企業の根本的目標となっているという見方をとることにする。前者の存続目標説は、高次社会的企業への発展途上にあるところの、社会経済的企業としての現代の企業をはじめ、制度的企業全般に対して、ひとまず妥当するであろう。また、後者の存続目標説は、高次社会的企業の段階の制度的企業の根本的目標としてかなりに説明力をもちうるようにみえる。

　企業目的の今日的状況は、上で述べたように企業の制度化、経営目標の多元化、および根本的経営目標としての企業存続の意義の増大といった一連の概念によって相当程度に説明しうると思われる。かかる状況は現代の資本主義社会における企業全般に関するものであって、それは欧米の企業にも、そして我が国の企業にも基本的には等しく当てはまるであろう。企業統治に関する論議をはじめ、企業の指導原理をめぐる近年の論議では一般に、欧米企業ではその目的において株主指向性が極めて強いこと、他方、我が国企業にあっては、比較的最近までは従業員指向性が強かったが、現在では以前より株主指向的になっていることが主張される傾向にある。しかしながら、欧米企業にあってもこのところの企業社会責任への社会的関心の一段の高まりを反映して、その経営理念において社会的責任への取り組みの重要性が改めて強調される傾向にあるとともに、ステークホルダー・マネジメント等の経営管理手法への関心の増大がみられる。また、わが国の企業の場合にあっても、日本企業の経営理念や経営目標についての諸論者のこれまでの分析結果の多くは、少なくとも近年までの日本企業における制度的企業の特質の存在を裏付けるものであったし、日本型経営の崩壊が諸方面で声高に主張されるこの頃においても、そのような特質はわが国の企業に依然として存在しているように思われる（例えば経済同友会，2003）。

　社会経済のグローバル化に伴う企業競争が熾烈化していることや、機関投資家による企業経営への関与の増大のような形で株主による企業支配が復活傾向にあることをもって、資本主義経済体制下の企業は今日、制度的企業よりは、むしろ開明的利己追求者としての、伝統的企業の修正版に戻りつつあ

るとする見方も論者のうちに存在しているが，そうした見方は今日の社会経済の動きの一面を過度に強調するものである。確かに，社会経済のグローバル化に伴う企業競争の激化や企業支配における株主の復権の動きが企業をして改めて営利指向的にさせているという見解は，それなりに説得力をもつ。しかしながら，それは巨大多国籍企業による世界市場支配の展開とかかる企業の世界的規模での経済的・社会的影響力の増大，および，そのような動向への反作用としての，国際規模での企業社会責任へのさまざまな組織・機関の関心の増大とこれら組織・機関による国際程規模での企業権力の拘束活動の展開の動き，といった今日的な社会動向が，いずれは多国籍企業をして高次社会的企業の方向に向かわせしめるであろうという見方に対する十分な認識を欠くようにみえるのである。

4　企業体制論的接近の意義

　企業統治および企業社会責任に関する論議が諸方面で盛んになされているが，論議が実りあるものであるためには，現代の企業の実態とあり方についての更なる探求が求められる。企業体制論的視点からは，企業は伝統的企業，経営者的企業，制度的企業の順に進化するとともに，制度的企業も，社会的企業から社会経済的企業を経て，高次社会的企業に向かうと思われる。現代の企業もしくは現代企業と呼びうる今日の大規模株式会社企業は，社会経済的企業の段階にあり，それは未来企業としての高次社会的企業の段階に進みつつある。そして，企業の根本的目標としての企業指導原理も，伝統的企業における所有者のための営利追求，経営者的企業における経営者効用追求，制度的企業における多元的ステークホルダーへの奉仕，といった順に変化するのであって，制度的企業における多元的ステークホルダーへの奉仕なる指導原理の具体的内容も，社会的企業から社会経済的企業，更には高次社会的企業へという制度的企業の発展のなかで，多元的目標の追及から，多元的ステークホルダーの諸利益の抽象的・総合的評価尺度としての企業存続へ，更には，ステークホルダーと区別されるものとしての企業それ自体の存

続へと変化するようにみえる。

　今日，さまざまな形で企業統治システムの改革が進行しているとともに，そうした改革の流れはどちらかといえば，株主による経営者統制の強化と経営者の機動性の増強を目指す方向にあるようにみえる。しかしながら，改革が実践において成功するためには，それは現代の企業の本質および指導原理についての一段の理論的探究が不可欠であるとともに，探求に際しては国際比較や制度比較の視点からの接近を超えた企業体体制論的接近が求められているといってよい。

(注)　本稿は，櫻井（2004, 2005）をもとに，企業社会責任および企業統治に関連させつつ現代企業の本質とそのゆくえについて展望したものである。

〈参考文献〉
日本語文献
朝日新聞文化財団（2003）『有力企業の社会貢献2003』朝日新聞社
梅田徹（2004）「国連グローバル・コンパクトの意義および課題」『創価経営論集』第28巻第1・2・3合併号
菊池敏夫・平田光弘編著（2000）『企業統治の国際比較』文眞堂
経済産業省（2003）『2003年版　通商白書』
経済同友会（2003）『第15回企業白書「市場の進化」と社会的責任経営―企業の信頼構築と持続的な価値創造に向けて』
佐久間信夫（2004）「委員会等設置会社の運営と企業統治の現状」『創価経営論集』第28巻第1・2・3号合併号
櫻井克彦編著（2006）『現代経営学―経営学研究の新潮流―』税務経理協会
櫻井克彦（2006）「企業・会社の概念と諸形態」経営能力開発センター編『経営学の基本』中央経済社
櫻井克彦（2005）「現代の経営環境と企業の社会的責任」『中京経営研究』第15巻第1号
櫻井克彦（2004）「現代の企業指導原理と企業統治」『中京経営研究』第14巻第1号
櫻井克彦（2001）「企業経営とステークホルダー・アプローチ」『経済科学』第48巻第4号

櫻井克彦（1999）「コーポレート・ガバナンスに関する一考察―企業の社会的責任との関連を中心に―」『経済科学』第 46 巻第 4 号

櫻井克彦（1991）『現代の企業と社会』千倉書房

千田純一（2004）「我が国の企業統治問題―最近の動向をどうみるか―」『経済学論叢』第 15 号

高田馨（1970）『経営の目的と責任』日本生産性本部

中條秀治（2003）「会社は誰のものか―『会社それ自体』論の可能性―」『中京経営研究』第 12 巻 2 号

対木隆英（2004）「企業の発展に伴う社会的責任の位置変化」『創価経営論集』第 48 巻 1・2・3 号合併号

森本三男（1997）『経営学入門―三訂版―』同文舘

山城章（1961）『現代の企業』森山書店

英語文献

Bakan, J. (2004) *The Corporation : The Pathological Pursuit of Profit and Power*, Free Press.（酒井泰介訳（2004）『ザ・コーポレーション』早川書房）

Carroll, A. B. and A. K. Buchholtz (2003) *Business & Society : Ethics and Stakeholder Management*, Thompson.

Drucker, P. F. (1958) "Business Objectives Survival Needs : Note on a Discipline of Business Enterprise", *Journal of Business*, April.

Dugger, W. M. (1989) *Corporate Hegemony*, Greenwood Press.

Eells, R. (1960) *The Meaning of Modern Business : an introduction to the philosophy of large corporate enterprise*, Columbia University Press.

Eells, R. (1962) *The Government of Corporations*, The Free Press of Glencoe.

Evan, W. M. and R. E. Freeman (1993) "A Stakeholder Theory of the Modern Corporation : Kantian Corporation", in Beauchanp, T. L. and N. E. Bowie eds., *Ethical Theory and Business*, 4 th ed., Prentice Hall.

Hertz, N. (2001) *Silent Takeover : Global Capitalism and the Death of Democracy*, Arrow.（鈴木淑美訳（2003）『巨大企業が民主主義を滅ぼす』早川書房）

Lodge, G. C. (1975) *New American Ideology*, Knopf.

Micklethwait, J. and A. Woodridge (2003) *The Company*, Weidenfeld & Nicolson.（日置弘一郎・高尾義明監訳，鈴木泰雄訳（2006）『株式会社』ランダムハウス講談社）

5 マネジメント教育における認識論的研究の有用性®
——学的研究は経営教育の実践性をいかに支えるか——

佐伯　雅哉

―――― キーワード ――――
ミドル・マネジメント　　課題形成力　　認識枠組み
モデル　　主体的当事者の観点　　共感

はじめに

　ミドル・マネジャーの育成は，実務界における教育ニーズの中で常に中心的な位置を占める。著者も，民間企業や行政組織からの依頼によってこの種の研修を企画し実施する機会を多く持つが，現在，著者自身が新たなマネジメント研究アプローチとして試みに展開中である「認識論的アプローチに基づくマネジメント論」（あるいは他のいくつかの認識論的なアプローチと区別するために，仮に「認識枠組みモデルからのアプローチ」と呼んでいる）は，多くの部分そこで得られたデータを基にして構築されてきた[1]。たとえば，グループ討議における受講者の発言内容やグループ・ワークの成果物などは絶好の材料となっている。また一方では，研修の会合は同研究アプローチの妥当性（科学性と実践性）を試す場でもあった。つまり，マネジメント教育の実践と新たなマネジメント研究アプローチの構築が，二重のスパイラルの関係を持ちながら現在にいたったと言える。

「認識枠組みモデルからのアプローチ」は，実務家の主観的，暗黙的認識を尊重し，これを学的認識の対象とする。つまりそれは，実務家から見れば常に第三者にすぎない研究者が，学的な認識方法によって得たマネジメント関連諸概念やその体系を実務家に提供するのではなく，もっぱら実務家の主観は自身を取り巻く環境をどのように捉えているのかを学的に問う。またこれをどのように捉え直したとき，周囲の同じ実務家たちの主観がこれに共感を与え，共通に取り組む価値を認めるような組織課題の成立にいたるのか，つまりマネジメント課題に対する共同主観的理解の成立条件を学的に問うのである。それは，学的認識の成果物としての諸概念を実務家に提供することを最小限に留め，むしろ実務家が自らの主観認識に基づいて独自に概念形成することを学的に支援するアプローチである。

同アプローチの展開とその方法論的考察は，すでにいくつかのテクストを通じて試みているが，本稿では，折に触れその内容に立ち戻りつつ，同アプローチに基づくミドル・マネジメント研修プログラム（以下，「本研修プログラム」などと呼ぶ）の内容を一部紹介しながら，その教育面における「実践性」について考察を加えることにする。

つけ加えれば，実はマネジメント技能そのものが，マニュアルなどに言語化して伝えることができない「暗黙知」である。これを企業内研修という限られた時間の中でどのようにして受講者に伝えるのか。これは教育技法にかかわる問題であるが，これについても本稿のテーマとして取り上げたい。

また，同研究アプローチが実務家の主観を認識対象とするものであるだけに，当の実務家が参加する研修の会合は，一つの実験的適用の場つまりその「科学性」を試す機会でもある。本稿では，どのようにそれが可能であるのかについても言及する。

1　ミドル・マネジメントの位置づけ

さて，本研修プログラムでは，「ミドル・マネジメント」を以下のように捉える。

まず「マネジメント」を，「組織のはたらきを最適化する機能」（あるいは，ときにその主体）というほどの意味で捉えたとき，全体組織に対してこれを行う「トップ・マネジメント」と，個々の単位組織に対してこれを行う「ミドル・マネジメント」がある。

　ミドル・マネジメントの独自性は，トップ・マネジメントと現場との間にあって，「トップよりも現場を知り，現場よりも経営を知る」というところにある（ここでは「経営」を，トップ・マネジメントつまり全体組織のマネジメントを指すことばとして用いる）。

　日々，現実の顧客対応やものづくりを担当する現場は，多くの五感による直観情報と，これに基づく非言語的，暗黙的「想い」を蓄積している。ミドルは，現場に蓄積されたこの暗黙的「想い」に共感を与え，トップが示す言語的期待との関係づけを行い，ここから独自のマネジメント課題を形成し，トップと現場の両方に向けてこれを発信していくことができる。そしてこれが，ミドル・マネジメントに期待される役割である。

　現場は，トップが言語的に示すマクロ次元での組織課題と，直面する諸事象とのギャップに悩み，否定的な「想い」が生じる場所である。しかしこの現場の「想い」は，ミドル・マネジャーの適切な認識のはたらきを通して，斬新で建設的なマネジメント課題へと高められる。その課題の妥当性を取り組み以前の段階で完全に証明することはできないが，取り組むだけの価値を，つまり一定の負担を伴ってでも試してみるだけの価値を，トップや現場に認めさせることはできる。ミドル・マネジャーには，こうした活動を可能にする思考技術あるいは認識能力が求められる。

2　研修プログラムの流れ（その1）

　このように，マネジメント課題形成のための思考技術の涵養は，ミドル・マネジャー教育の大きな柱である。そしてこれこそ暗黙的技能の典型であるが，大学での学部教育やビジネス・スクールでは，「ケース・メソッド」が代表的な手法として用いられ，学習者はその数をこなすことによって，思考

の柔軟性や粘り強さ，洞察力などを身につけていく。

　これに対して企業内で行われるマネジメント研修の場合，2日間程度のごく短期間の日程で行われ，しかも任期中に複数の受講機会が与えられることはまれである。この制約条件の中で最大限，暗黙的技能としての課題形成力を付与する手段として，本研修プログラムでは「ケース・メソッド」を簡略化したものを用いる。その際，ある状況における対応のしかたを一つの原則として学ぶための「ケース・スタディー」とは明らかに一線を画すものの，好事例としての解答を演習後に示し，そこにいたる思考手順について説明が加えられる。しかしこの解答例は，それこそが見習うべき模範解として位置づけられるのではなく，一定の条件を備えた質の高い解答にいたる思考手順を解説するための一つの具体例として位置づけられる。

　以下に，展開の一例を紹介する。

(1)　ケースの提示とグループ討議

　まず，次のようなケースが提示され，5，6名で構成されるグループによって10分から15分程度の討議が行われる。

ケース

〈設　定〉
　老舗の洋菓子メーカーであるA社は，伝統的な欧風菓子を定番主力商品として，全国のデパート地下の食品売り場に出店している。モニター調査によれば，主力である定番商品を中心に，味，品揃えともにたいへん好評を得ている。あなたは，ある地域を統括する拠点の販売企画セクションのマネジャーである。

〈現在（平成9年4月以降の数ヶ月間を想定）の動向〉
　消費税率の2パーセント引き上げをきっかけに，個人消費が低迷している。個人消費動向の代表的な指標である全国のデパートの売上げは，前年同月比1割近くも落ち込んだ状態であり，当地域もその例外ではな

い。当社の売上げは，全社ならびに当地域のいずれをとっても，ほぼこの数字に追随している。

地域販売企画マネジャーとしては，どのようなマネジメント課題を提示するか。

（2） 解答例の提示

討議後，講師から以下の解答例が示されるが，あくまでも仮説の一つであることが強調される。先にも述べたように，マネジメント課題の形成とは，取り組むだけの価値を周囲が共有するような仮説を提唱することであり，組織の変革はこれによって始まる。

顧客は，2パーセントの実質値上げを機に買い控えをしようとするかどうかを考える必要がある。価格弾力性というマーケティング上の概念に照らして商品特性を考えるまでもなく，家族で食するにせよ贈答に使うにせよ，それはまずありえない。当然3月中の前倒し購入もありえない。これに加えて，当社の主力商品は高い満足を顧客に与えているようだ。それにもかかわらず，消費税率の引き上げを契機として，大幅にしかもデパートとほぼ同率の売上げ低下を見ているということをいかに受け止めるか。ここに焦点をあてたとき，顧客の多くは，当社ではなくデパートのブランドに反応していたにすぎず，繰り返し当社の味に出会いたいと思う顧客の潜在的ニーズに応えていなかったことに気づく。ここから，「リピーターの獲得」を，マネジメント課題の一つとして提示することができる。

（3） ケース研究から一般論に向けての展開

この解答例に対しては，一定以上の質の高さ（取り組むだけの価値）を認める反応が受講者に見られる（彼らがある仮説に対して，何を基準に質の高さを感じ取るのかについては後述）。そこで次にこの解答例を参照しながら，

質の高い課題の形成にいたる思考手順が，実務家の「認識過程」との関係において説明される。次節に，その内容を示す。

3 課題形成のための思考手順

課題形成のための思考は，実務家つまり生活者の日常の認識が基礎となる。

生活者の日常の認識とは，ある「事象」に「意味」を与える過程であるが，逆にある「意味」を感じるからこそその「事象」の存在に気づく。つまりそれは，「事象知覚」と「意味付与」の循環過程である。

「事象」に見出される「意味」は通常は暗黙的であり言語化されないが，課題を形成するにあたっては，これがいったん言語化（形式知化）される。ただしこの時点の表現は，通常，特定の概念に整理される以前の，文もしくは文章の形式をなす。本プログラムでは，この作業段階を「問題発見」と呼ぶ（図表1の上段）。

次にこの表現は，特定の「概念」を中心としたより手短なものに再形式知化される。この「概念化」の作業をもって，課題形成のための思考が締めくくられる（図表1の下段）。

このとき，形成される課題の質は，「意味付与」つまり「問題発見」の時点ですでに決まる。最後の概念化過程では語彙力が求められるが，「問題」

図表 1 課題形成の思考手順

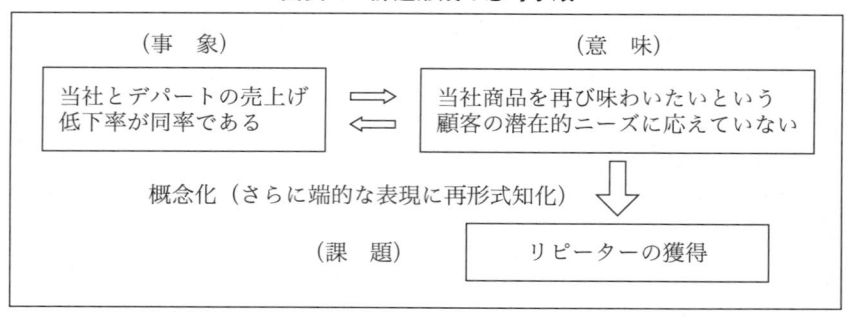

```
（事　象）                （意　味）
┌─────────────┐      ┌─────────────────────┐
│当社とデパートの売上げ│ ⇒ │当社商品を再び味わいたいという│
│低下率が同率である  │ ⇐ │顧客の潜在的ニーズに応えていない│
└─────────────┘      └─────────────────────┘
       概念化（さらに端的な表現に再形式知化）⇓
         （課　題）    ┌──────────┐
                       │リピーターの獲得│
                       └──────────┘
```

さえ適切に文章化されていれば，これを周囲に発信することによって他人の語彙を借用することもできる。

「認識枠組みモデル」では，適切な「問題発見」につながる高度な認識方法を「主体的当事者の観点」と呼び，他の認識方法つまり「依存的当事者の観点」そして「第三者の観点」と区別する。正確に言えば，適切な「問題発見」と言う場合の適切さは，逆にこの認識方法によって条件づけられる。ただしプログラムのこの時点においては，これら認識に関する諸概念の提示やその内容説明はいまだ保留されている。本稿においても，詳しくは後述する（ただし，これらの概念ないし学的用語を受講者に知らしめ，記憶させる必要があるのかどうかはそれほど大きな問題ではない。むしろその実質的な違いを，暗黙的な知恵としていかに「内面化」させるかが問題となる。いずれにしてもこれらの概念は，実務家が見ている対象世界を学的に再説明するものではない。あくまでも実務家自身が対象世界を認識する際のしかたに関するものであって，実務家が自身の認識方法を自覚的に評価，選択することを援助しようとするものである）。

ここではむしろ，適切な認識方法を内面化させる一手段として，望ましい解答例をモデルとして示し，適切さの条件を受講者に考えてもらう。このとき同時に，望ましくない認識方法から生まれた解答例を対比的に示すことの効果に著者は注目している。それがどのように望ましくないかを受講者たちに考えてもらうことによって，彼らが日ごろ無自覚的に陥りがちな思考の罠を，彼ら自身の議論を通じて形式知化し，自覚することができるのではないかと考えるのである。

次節では，プログラムの中で実際にそれがどのように行われるのかを紹介する。

4　研修プログラムの流れ（その2）

以下に示すのは，その流れである。

(1) モデル的思考手順と好ましくない思考手順の比較

先の洋菓子メーカーのケースを素材とした思考手順の好事例を，一つのフォーム（図表2）に収めて受講者に示す。これは，事象知覚と意味付与の循環からなる認識過程を経て，適切なマネジメント課題の形成にいたる一連の思考手順を，文章化して記述したものである（ただし，ケースに含まれていた以上の情報量を収め，より臨場感を高めている）。

図表 2　モデル記入例

着目した事象	意　味
・当社全体の売上げ低下率とデパート全体，ならびに当拠点の売上げ低下率と当地区デパートのそれが同じ。 ・店舗視察した限りにおいては，迷わず当社商品を指定する顧客は少なく，他社のブースと比較した上で購入する顧客がほとんどである。 ・また，顧客の視線が，ショー・ウインド上のブランド表示に向けられていない。	・一度当社の味に納得した顧客に対して，その後のサポートができていないために，固定的な当社のファンを育てることができていない。 ・来店客の多くは，当社のブランドに対する執着からではなく，デパートのブランドに反応して来店しているにすぎない。
課　題	・リピーターの獲得（販売店におけるリピーターづくりの支援）

次に，同じフォームに記入された好ましくない例（図表3）を受講者に示す。そして，どのように好ましくないかについてグループで議論してもらう（この記入例は，「認識枠組みモデル」で言うところの「第三者の観点」や「依存的当事者の観点」が，「主体的当事者の観点」を凌駕してはたらいた場合の典型的な結果を創作的に再現したものである）。

このときのグループ討議に耳を傾けると，好ましくない例は，受講者たち自身がふだん陥っている思考パターンとまったく同様であること，そしてどこか不全感を感じつつも，とにかく組織も奨励する思考パターンとして維持されてきたものであることが，ほぼ例外なく議論に上る。彼らのことばをそ

図表3　好ましくない記入例

着目した事象	意　味
・管轄内45店舗において売上げ目標未達成の状態が3か月続いている。 ・販売店とのコミュニケーションがとれていない。 ・従来の販売店支援策が売上げにつながっていない。	・今期拠点売上げ目標の達成が困難
課　題	・販売店とのコミュニケーション強化 ・新たな販売店支援策の構築

のまま紹介すれば，「ふだんこういう書類作ってるよな」「うちでよく見る文書だよ」などというものであり，苦笑いの様子も毎回ほぼ共通である。討議は短時間ながら活気に溢れ，最終的には，ほとんどのグループにおいて適切に問題点の指摘がなされる。その内容は，講義によって次のように整理される。

（2）　講義による解説

好ましくない記入例の場合，二つの特徴を指摘することができる。

一つ目は，事象記述の段階ですでに特定の概念に拘束され，当事者ならではの暗黙知が生じる余地が排除されているという点である（これは「認識枠組みモデル」で，「第三者の観点」と呼ぶ認識方法の一パターンである）。この傾向は，「事象」欄に書かれた三つの事象のうちの二番目と三番目について言える。つまりこの場合，取り組むべき課題がすでに概念的，言語的に成立していて（それが「課題」欄に書かれた「コミュニケーション」や「販売店支援」という概念を中心とした表現である），しかも抽象度がひじょうに高い。そしてその表現をただ否定的に裏返したものが，「事象」欄の記述である。

もちろん，事象を「記述する」ということは，それ自体が概念化，したが

って抽象化の作業である（具象概念を含めて，すべての概念は何らかのカテゴリー形成に伴って生まれるものであるという点において，「概念化」即「抽象化」である）。しかしそのしかたは無限にあるはずであり，抽象化の程度もさまざまに選択可能である。その中であえてある記述のしかたを選ぶ背景には，当事者としての暗黙的「想い」があるはずである。独自のマネジメント課題は，むしろその「想い」から生まれる。これに先立つ概念化は，逆に独自で斬新な課題の形成を阻害する（一方，「事象」欄の一つ目は，着眼された対象そのものが売上げ数値という「概念」であるが，これも一種の事象知覚であり，これそのものに問題があるわけではない。しかしそれは当事者ならずとも着眼できるものであって，独自で斬新なマネジメント課題の材料とはなりにくい）。

　二つ目の問題点は，シートの記述全体に目を向けたとき，内部の論理一色にまとめられているという点である。つまり，貢献対象である顧客への視野の広がりと，そこに向けた役割感覚が欠如しているのである（「認識枠組みモデル」では，「依存的当事者の観点」に属する）。これに対してモデル記入例の方は，顧客への視野の広がりと，それに対する未実現の役割を定義しようとする認識態度が備わっている。デパートの売上げ低下率との一致に着眼しているのも，自己保身つまり責任逃れのための材料としてではなく，顧客への新たな役割を定義するための材料としてそれがなされている（つまり「認識枠組みモデル」で言うところの，「依存的当事者」ではなく「主体的当事者」の観点の特徴を備えている）。

　この，モデル記入例と好ましくない記入例の比較は，プログラムにおける最後のセッションの布石となる。

（3）　個人作業による課題形成実習と受講者どうしの相互チェック

　最後のセッションでは，与えられたケースではなく，個々の受講者が自身の認識過程を通じて実際のマネジメント課題を形成し，これに基づくマネジメント目標を設定する。そしてその後，少人数で，各自の作品を相互にプレ

ゼンテーションし，不備を指摘し合う。このとき，先に行ったケースの解答比較から得られた知恵が，自身の作品の質を高めるためのチェック基準としてはたらく。また，相手の作品に対してあえて批判を向ける側からも，同じくこのチェック基準が機能する。

このように自身の認識過程をなんらかの形式，つまり作成物に置き換えることによって，自身や他者からの評価が可能となる。そして評価を受けることによって質が向上し，より実務展開が可能なものに近づいていく（なお，描画による事象把握からスタートする方法もあるが，実は絵を描こうとするその時点ですでに何らかの視点から文脈が決定され，半ば言語化されているのであって，この時点ですでに，先に見た諸基準によるチェックを必要としているということに留意すべきである）。

ちなみに，このラスト・セッションのねらいは次の三つである。

一つは，一連の思考手順の模範例を自身の力で作成することにある。つまりそれまでは，あらかじめ研修プログラムに織り込まれたケースに基づく模範例を学んできたが，最終的には自前のケースの作成を行い，今後常にそこに立ち帰ることによって，自らの認識方法の質を高く保つことを可能にするようなモデルとすることを目的としている。また，マネジメント技能のような暗黙的技能の習得にあたっては，トレーニング（訓練）としての試行錯誤が不可欠となるが，本プログラムでは，所与のケース学習に続いて，自身によるモデル・ケースの作成を行い，同時に他者のケースをチェックする立場に立つことによってケース学習を繰り返すことになる。これが二つ目のねらいである。

そして三つ目のねらいは，実際のマネジメント活動の材料とすることである。

5 「認識枠組みモデル」による考察

すでに見たように，実務家は，現状に対して概念的説明を与えるだけの第三者であってはならない。また，仮に当事者の観点を用いたとしても，たと

えばそれが自己正当化，つまり自己保身や自己顕示を望むだけの自己中心的当事者であった場合，それとの関係において事象知覚と意味付与がなされるだけで，その範囲を超えた視野の広がりや思考の粘りを見ることができない。つまり自己保身や自己顕示のニーズが満たされていればその段階で思考は止まり，逆に満たされていなければ責任転嫁や不満表明がなされる。あるいはそうした個人の認識が集合して，一方的な「組織の論理」が成立する。

　質の高いマネジメント課題は，既成概念に依存する「第三者の観点」や，貢献対象への視点の移動を怠った「依存的当事者の観点」からは生まれず，両者を克服した「主体的当事者の観点」によって形成される。このようにして生まれた課題は，周囲の人間の潜在的な「主体的当事者の観点」を目覚めさせ，共有される可能性が高い。

　これに関連して，先の洋菓子メーカーのケースについてのエピソードを紹介しておこう。

　本ケースは，著者とある洋菓子メーカーの一店長との会話が基になって生まれた。会話の中で「消費税率引き上げ以降，売上げが低迷している」という話題が出たので，著者から，彼の勤務する店，当社全体，そして全国のデパートの前年同月比の売上変動率を尋ねたところ，彼は即座に三つの数値を答え，これらがほぼ同率であることが確認できた。それは，彼がこれらの数値を「事象」として把握できていたからであり，それはまた暗黙的ながら，彼がそこに何らかの「意味」を見出していたからである。ただしそれが，何らかのマネジメント課題の母体になっている様子がないことから，その意味内容はきわめて個人的な次元に留まっていることが推測された。たとえばそれを言語化したとき，次のような文脈が現れるかも知れない（ここで「文脈」という場合，「意味」と同義である。「意味」とは，ある「事象」に関連づけられた「文脈」の全体，もしくは一部である）。

〈文脈（意味）1〉

> 消費税率が引き上げられたのだから売上げ低下は当然で，しかも当店の低下率は当社全体の平均と同率なのだから，特に当店の努力不足があったわけではない。また当社の主要な出店先であるデパートと比較しても同様なのだから，現場に直接の責任があるわけではない。

これに対して，同じ事象を，顧客への視線を織り込んだ文脈に再構成すればどのようなものが成り立つか。たとえばそれは，次のとおりである。

〈文脈（意味）2〉

> 当社そして当店の売上げ動向がデパートのそれとまったく同じ動きをしているということは，顧客は当社ではなく，デパートのブランドに反応しているだけということにはならないか。もしそうなら，当社の味を再び求める顧客の潜在的ニーズに応えていないということが言えないか。

後者の文脈からは，顧客に対する未実現の役割に関する仮説が生まれ，そこから「リピーターの獲得」というマネジメント課題が誕生する。

これは，自己の「欲求」（たとえば自己保身）を枠組みとした「依存的当事者の観点」から，「役割探索意識」を枠組みとした「主体的当事者の観点」への，認識方法の転換の一例である（ちなみに，ここで「枠組み」と言うのは，ある認識が成立するときに，その基礎となる意識構造のことを指す）。

6　受講者の共感度による理論の妥当性評価

ところで「認識枠組みモデル」は，実務家の主観的な暗黙知というあいまいな対象を扱うものであるだけに，論の暴走を防ぐ歯止めが必要となる。よ

り一般化して言えば，これは，主観を扱う命題体系の科学性はいかにして保証されるかという社会科学方法論上の問題である。

著者は過去のテクスト（佐伯，2005）の中で，ある命題体系が科学的な理論の体系であるための外的条件として，研究者集団からの反駁に対してオープンであること（反駁あるいはよりよい説明にとって代わられる危険に晒されていること）を挙げた。そして反駁あるいはよりよい説明の標的となるのは，次の二つの整合性についてである。一つは，その命題体系の内部，ならびにそれが属する個別科学や隣接する科学分野の中の他の部分（その命題体系の出現によってもなお変更が加えられることがない残余部分）との間の整合性である。そしてもう一つは，その命題体系に対応する経験的世界，つまりその命題体系が説明の対象とする現実世界との間の整合性である（ただし，それは体系全体と現実世界との間の整合性であり，その説明体系を構成する個々の命題のすべてが現実世界と照合されていることは要求されない）。これらは，命題体系の科学性を保証する内的条件である。そして，経験的世界との照合の方法とその結果は，命題体系の内容そのものとともに研究者集団に向けて発表され，反駁の危険に晒される[2]。

では，生活者の主観を扱う命題体系の場合，現実世界との照合はどのように行われるのか。一つの方法は，その命題体系を生活者自身に提示し，共感を得ることである。実務家に対する研修は，まさにその機会である。ここで得られた共感の程度は，命題体系と現実世界との整合性の程度を示す。逆に言えば，ここでも反駁あるいはよりよい説明にとって代わられる危険に晒されることになる。

本稿で取り上げた研修プログラムにおいては，一部についてすでに紹介したように，随所で受講者の強い共感的反応が見られる。ただしこれは，ことの性質上その場に居合わせることによってしか確かめることができない。しかし，本稿が行うように，研究者集団に向けたテクストの中で，主張する命題体系の内容とともに，どのようにそれを実務家に提示したのか，つまりその照合の方法と，その結果としての共感の有無や程度を記すことはできる。

これは，その命題体系を試す機会が普遍的に開かれているということを意味する。つまり「この内容をこの方法で伝えれば，このような共感が得られる」という関係性の確認の機会は，他の研究者に対しても普遍的に開かれている（試そうとすればどの研究者も同様に実行可能である）のであり，これによってその命題体系の科学性は確保されるのである。

　一方，受講後のレポートやアンケートなどの形式知化されたデータもまた，受講者の共感度を知る一助にはなろう。ただしレポートの場合，文章の巧みさなどの要素を差し引いて，共感の程度をいかに抽出して読み取るのか，あるいは他のプログラム受講後のレポートと比較して，共感度の差をどのように判定するのかなどの問題は残る。またアンケートの場合，研修内容を受講者に採点させるような方法でこれを実施することにはあまり賛成できない。マネジメント研修は半ば態度教育としての性格を持つものであり，評価的視点から離れて学びへの謙虚な姿勢を貫くよう受講者を指導することも研修目的の重要な一部だからである[3]。

まとめ

「認識枠組みモデル」は，自身のマネジメント行動に行き詰まりを感じている多くの実務家に対して，行動以前の段階つまり認識の次元に立ち帰って振り返りを向ける必要性を訴え，その方法を提供する。ことばを換えれば，マネジメントの目に見える側面，つまり周囲との課題共有とそれを通した課題解決が思う通りに進まない原因を，課題形成の次元に立ち帰って追及し，ここに変革を加えようとするものである。同アプローチの実践的意義は，ここに見出される。

　一方，企業の教育責任者からは，自社のミドル・マネジャーに対して目標設定力の向上を期待する声が頻繁に上がっているが，これも同様の問題意識から出た発言であろう。目標の質の高さは，その母体である課題の質によって決定される。つまり，ミドル・マネジャーには，高い認識能力を背景にした課題形成力が求められているのである。

また同アプローチに基づく研修プログラムの場合，言語化するにはあまりにも複雑な現場の主観の存在を肯定するところから出発し，その上に望ましい認識方法を組み立てていく展開なので，受講者のコミットメントの度合いは高い。ここから，受講者自身による内発的な動機づけと，実践に向けての見通しづけが生まれる可能性を推し量ることもできる。さらに，これを継続的に実施することによって，質の高い目標の設定に向けて相互に議論し研鑽し合う組織が誕生する可能性を指摘することもできる。たとえば目標設定面接におけるやりとりの中で，本プログラムが提供する指針がごく自然に用いられるなどである。

最後に，展開中の本プログラムはどの程度標準化が可能かという問題であるが，著者は，プログラムを完全に標準化する必要性を主張しない。ただし，たとえばショート・ケースの作成やその解説にあたって「認識枠組みモデル」の示す指針を用いることが有効であるなど，本稿の論旨は教育技法上のトピックとして一般化できるのではないかと考える。

マネジメントは，言語では習得しきれない暗黙的技能であり，それは試行錯誤を通してしか手に入れることはできない。しかしどのように試行錯誤すればよいのかについては，背景理論の存在が許される。そしてそれが実務家の主観を扱うものであるとき，実務家はいきいきとそれを理解し，共感しながら利用の道を考えることができる。経営教育研究とは，そのような理論とその試行の場を実務家に提供し，実践への道筋を整えるものであると考える。

〈注〉
1) 同アプローチに関する過去のテクストとしては，本機関誌のシリーズにおける佐伯（1999a，2001，2003，2005）のほか，佐伯（1997，1999b）がある。
2) 命題体系の科学性に関するこの見解は著者によるものであるが，内容的には，Popper, K. R. (1959) による「批判的合理主義」と，Kuhn, T. S. (1962) による「パラダイム論」の間の論争に対して，丹治（1996）の言う「補償の

原理」の助けを借りながら統合を試みたものである。両者は「論理実証主義」的科学観の誤謬を指摘した点において共通であり、現代的科学観の確立に大きな影響を与えた。詳細は、佐伯（2005）。
3) 本プログラムの導入企業数は 2004 年の開始以来 25 社を超えているが、現実にはすべての企業が受講者アンケートを実施している。これによれば、本プログラムの命題体系そのものに対する受講者の共感度の高さがある程度うかがえる（たとえば自由記述欄に「現場の本音が理論化されている」「目標設定力の向上というニーズに応えている」などの表現が見られる）が、本文中にも示したように、アンケートという手法そのものの適否をはじめ、研修効果の測定問題をも含めて、今後議論を深めていかなければならない点は多い。これについては、別の稿に譲りたい。

〈参考文献〉
日本語文献
佐伯雅哉（1997）「認識研究に基づいた経営管理論への一つの試み―動態的人間モデルの提唱」『産能大学紀要』第 17 巻，第 2 号，産業能率大学
佐伯雅哉（1999 a）「認識成長概念に基づく経営管理論と経営教育の提唱」日本経営教育学会編『日本企業の多様化する経営課題』学文社
佐伯雅哉（1999 b）『行動の変革から認識の成長へ』産能大学出版部
佐伯雅哉（2001）「認識研究に基づくマネジメント論の具体的展開―経営教育への応用を視点として」日本経営教育学会編『経営の新課題と人材育成』学文社
佐伯雅哉（2003）「組織メンバーの認識の成長を支援するマネジメント・システムの提唱」日本経営教育学会編『経営実践と経営教育理論』学文社
佐伯雅哉（2005）「実践的マネジメント研究の方法―認識枠組みモデルに対する方法論的省察を一つのケースとして」日本経営教育学会編『MOT と 21 世紀の経営課題』学文社
丹治信春（1996）『言語と認識のダイナミズム』勁草書房
英語文献
Kuhn, T. S. (1962) *The Structure of Scientific Revolutions*, The University of Chicago Press.（中山茂訳（1971）『科学革命の構造』みすず書房）
Popper, K. R. (1959) *The Logic of Scientific Discovery*, Hutchinson.（大内義一・森博訳（1971）『科学的発見の論理』（上）（下），恒星社厚生閣）

6 学校におけるマネジメント®
―公立高校における実践的取り組み―

柴田　幸穂

```
                    キーワード
  組織変革    統合的アプローチ    ミドルアップダウ
  ン    FD
```

はじめに―分析アプローチ―

　本研究における組織変革の取り組みは,「統合的アプローチ」を参考にして行った。松田（2000）によると,「組織変革の目的は, ①環境の変化に対する組織の効率を高めること, ②組織構成員の欲求を充足することにある。この2つの目的は相互作用をもつ。これらの目的を達成するために, ③組織構成員の意思決定, 相互作用や動機付けからなる行動パターンを変革しなければならない。この行動パターンの変化は, ④環境変数が組織構成員に与える一定の刺激に対する組織構成員の反応として生じる。その環境変数は, ⑤システム変数と, ⑥行動変数によって規定される。前者は, 組織構造（権限やコミュニケーション）, 職務構造や技術システムを示している。この場合, システム変数と行動変数の間には相互作用の関係がある。次に, ⑦能力開発訓練は, 組織構成員の能力と態度を変化させることによって, 組織構成員に影響を与える。最後に, 組織構造の変化や教育訓練は, ⑧一

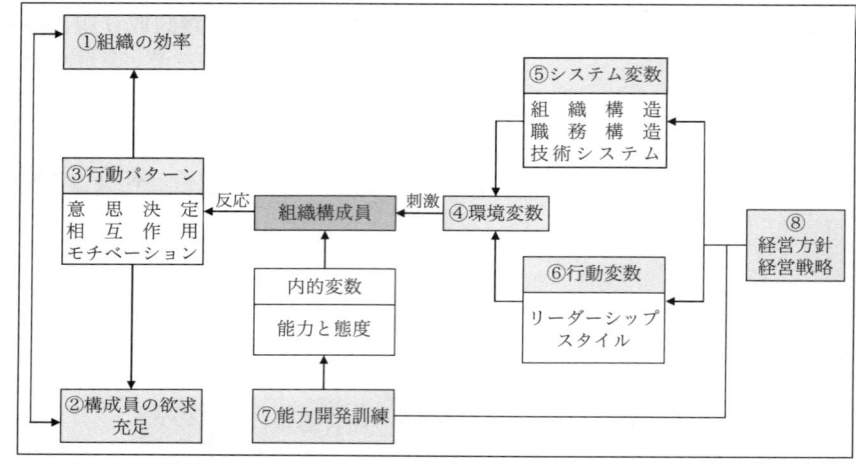

図表 1　組織変革の統合的アプローチ

①組織の効率
③行動パターン
　意思決定
　相互作用
　モチベーション
②構成員の欲求充足
組織構成員
反応／刺激
内的変数
　能力と態度
⑦能力開発訓練
⑤システム変数
　組織構造
　職務構造
　技術システム
④環境変数
⑥行動変数
　リーダーシップスタイル
⑧経営方針　経営戦略

出所）松田（2000:22）

定の経営方針や経営戦略に基づいて，環境適応的に行われる必要がある。」とされている（松田，2000：21-22）（図表1参照）。

　一般的には組織構造を変革することによって構成員の行動パターンを変化させようとする構造的アプローチをとるが，組織構造を変えても，必ずしも構成員の行動パターンが変わるわけではないため，構成員への働きかけ（能力開発訓練など）を行う人間的アプローチが必要とされる。両者を統合する組織変革のアプローチ法が統合的アプローチである。

1　構造面の変革

1.1　組織構造

　本研究が対象とした学校は生徒数約850名，教職員数60名弱の公立高校である。初等および中等教育における教職員の組織は，校長，教頭，事務長など少数の管理職と多数の一般教職員から構成され極めてフラットな組織構造となっている。一般に，学校では教育活動を校務分掌[1]という形で分担し，

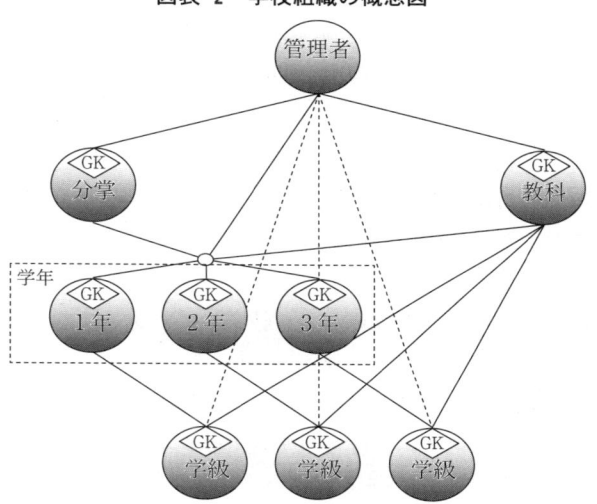

図表 2　学校組織の概念図

目的に応じて組織が細分化・重層化される。その主なものとしては，国語・数学など学習指導のための「教科」という単位をはじめ，学級から構成される「学年」という単位，また生徒指導や教務などスタッフ的な役割を担う「分掌」という単位である。このように一般教職員は，「教科」，「学年」，「分掌」など，目的に応じて形成される複数の単位に重複して所属しており，学校組織はより複雑になっている。

　また，考察にあたって学習者である生徒を学校組織のどこに位置づけるかという点は重要である。生徒は教育サービスの受け手であるが，またその質と量に影響を与えるという意味で教育サービスの担い手でもある。このように，生徒は現場教師との相互作用を通じて学校組織全体に影響を及ぼすため，組織の一構成員としてとらえることが必要だと考えられる。そうした生徒の集合体である「学級」と，「教科」，「学年」，「分掌」といった各単位はそれぞれが複雑な情報伝達経路を形成しており，これらの各々が生徒と教師間に相互作用を生じる。この全体を概念図で示すと図表2のように表現でき

る。学級側のノードには「担任」であるゲートキーパー[2] (GK: gate-keeper) が，また教職員側のノードには「主任」である GK が位置し，情報伝達をコントロールしている。教職員側の上部には「管理者」が位置し，主に「主任」との情報伝達を行うが，必要に応じて学級側の GK である「担任」と直接情報伝達を行うこともある。このように学校には，生徒,「学級」を含めた重層的組織構造が存在するといえる。教育現場において部分的改革では全体の組織改革が難しい一つの理由は，このような学校の重層的組織にあるといえる。

本研究では，まず構造面の変革として教職員に対するアンケート調査（平成15年度）で，不公平感が最も高かった「分掌」を中心に「学年」との関わりを考慮に入れながら再編成を行った。なお，「教科」および下層のGKである「担任」の変革については後述するFDを中心とした直接的なアプローチによった。

1.2 分掌の再編と人員配置

再編成前は10の「教科」，3つの「学年」，14の「分掌」に加えて定期的または必要に応じて招集される18の委員会が相互にクロスするという複雑な構造であった。再編作業にあたり，まず既存の「分掌」に対しどれくらいの繁忙度を感じているかについて全教職員に質問票形式でアンケート調査を行った。進路指導，生徒会などの業務内容を分類さらに細目化し，各月について「普通」，「忙しい」，「非常に忙しい」の3段階評価を実施した。これは感覚尺度であるが，「分掌」の業務を数値化することによって，構成員の不公平感を視覚的にとらえることができる。このような業務強度分析により業務負担の公平化を企図した「分掌」の統廃合に取り組んだ。

図表3は「分掌」がどのように統廃合されたかを図式化したものである。x軸に「1人あたりの業務強度」（分掌の業務強度指数合計÷分掌配属人数），y軸に「時期によるばらつき」（月別業務強度指数の標準偏差）をとり，「分掌」ごとの散布図を表している。矢印の始点は再編前，終点は再編

図表 3　本分掌の統廃合の動き（実施前・実施後の比較）

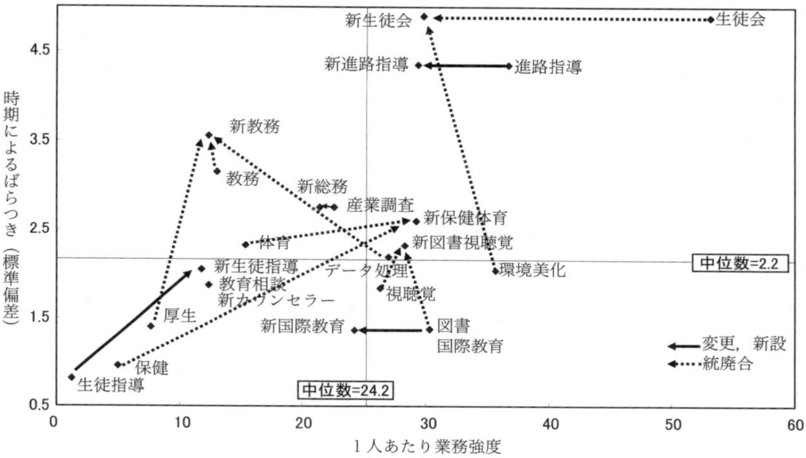

後を示している。右上にプロットされている生徒会を例にとると，業務強度の強さに加えて繁忙度のばらつきが大きい。このような状況が相乗的に多忙感を強める要因になっているのではないかと考えられる。ここでは，業務強度指数をできるだけ中心にシフトさせることを平準化としてとらえ，再編に対する理解を得た。

　以上のように，業務強度分析を行うことによって不公平感を視覚化し，業務強度を平準化させる方向で「分掌」の統廃合を進める手法は構成員の納得性を高める効果的な方法だと考えられる。

　さて，スタッフ的な機能をもつ14分掌を9分掌に統廃合するにあたって[3]は，単に構成員の不公平感を是正するだけでなく，組織の価値創造を図ることが重要である。そこで，学校の広報活動や教職員研修を主管する戦略的な「分掌」として総務部を新設した。また，全「分掌主任」は主任業務に専念するために他「分掌」と兼務しないことにした。さらに学級側のGKである「担任」の業務を明確にし，「分掌」に配属する担任数を限定するなど，分掌機能の充実と学級運営に専念できる環境づくりを目指した。同時に，適

材適所を考慮し人材の内部流動性を高めるためのローテーションの導入，分掌決定プロセスの公開など分掌決定に関する新しいルールを明文化し，構成員で共有することにより，全員の理解が得られるよう納得性の向上にも努めた。

2 行動面の変革
2.1 ミドルアップダウン・マネジメント

　構造面での変革では，ミドルアップダウン[4)]による組織変革を意図し，連絡調整層としての「主任」であるミドルの機能充実と負担減を考慮した。学校組織におけるミドルとは「教科」，「学年」，「分掌」の各「主任」を指すが，極めてフラットな学校組織のなかで突出することは敬遠されがちである。このような組織文化のなかで，ミドルアップダウン型の意思決定はリーダーを育成し，組織変革を進める意味からも有効な方法ではないかと考えたからである。「教科」，「学年」，「分掌」における「主任」は連絡調整層としてライン・スタッフ機能を受けもつが，一般的に学校組織の場合，ラインとしての機能は強くない。「主任」は校長の監督を受け，連絡調整，指導・助言にあたるが，それらはラインの職としての権限を背景としてではなく，各個人の専門的，技術的な能力と人間的な魅力によって行われている。現場の教職員の感覚では，同僚としての立場を超えることはないのである。今回の取り組みは，ライン構造それ自体ではなく，構成員，特にミドルに対する働きかけを通じて組織効率を高めることをねらいとした。

　伊丹・加護野（2000）によると，「トップによる『ゆさぶり』は，パラダイム転換の前提条件であって，パラダイム転換の実体をなすものではない。パラダイム転換とは企業内の発想法や行動様式の転換であり，そしてそういう転換の結果としての仕事の内容の変化である。そうした発想の変化と仕事の変化が実際に起きるのにあたって中心的な役割を占めるのは，ミドルである。」としている（伊丹・加護野，2000：459）。パラダイム転換は，図表4で示されるように，①トップによるゆさぶり，②ミドルによる突出，③変革

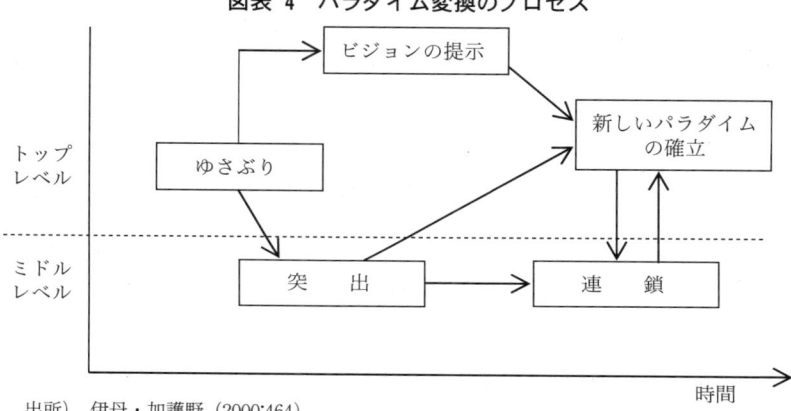

図表4 パラダイム変換のプロセス

```
トップ    [ゆさぶり] → [ビジョンの提示]
レベル              ↘  ↓
                    [新しいパラダイムの確立]
- - - - - - - - - - - - ↑ ↓ - - - - - - - -
ミドル
レベル     [突　　出] → [連　　鎖]
                                        → 時間
```

出所）伊丹・加護野（2000:464）

の連鎖反応，④新しいパラダイムの確立という4つのステップを通じて起こる。

また，John P. Kotter（2002）は変革を成功に導く8つの段階として，「①危機意識を高める，②変革推進チームをつくる，③適切なビジョンを掲げる，④ビジョンを周知徹底する，⑤自発的な行動をうながす，⑥短期的成果を実現する，⑦気を緩めない，⑧変革を根づかせる」と述べている（Kotter, 2002＝2003：25）。

本研究では，一連の変革プロセスのなかで重要な役割を果たすミドルの人材管理に関して，構成員の危機意識の高揚，ミドルの突出，変革の連鎖による変革のさらなる推進をねらい，能力開発訓練(FD：Faculty Development)[5]を応用したミドルアップダウン・マネジメントについて考案し実践した。

2.2 FD

FD（Faculty Development）という用語は主として高等教育で使われているようであるが，学校自己評価（教科，学年，分掌），生徒による授業評価，シラバス作成などは中等教育でもすぐに適用できる内容である。何れも自ら

が目標を設定し，その実現のための具体的方策を立て，実践し，それを自己評価し，次の計画に反映させるというPDCA的思考が求められる。

学校自己評価では，まず管理職が「望ましい人格の形成」，「学力の充実・向上」，「文化・スポーツの振興」，「教育環境の整備・活用」，「保護者・地域との連携」といったビジョンとその実現のための重点目標を設定し，学校経営の大まかなフレームワークを示す。ビジョンの提示を受けた「教科」，「学年」，「分掌」はそれぞれの単位で重点項目を定め，目標化し，その実現のための具体的方策と評価のための数値基準を策定する。このように，ビジョンを各組織単位で細分化することによって学校自己評価は構造化される（図表5参照）。ミドルアップダウン・モデルではトップである管理職はビジョンを描くが，ミドルはそれを現場教師が理解でき，実行に移せるような具体的目標に落とし込むのである[6]。これにより，各単位に属する構成員は自分の行動がどのように全体の価値創造につながるのかが理解できる。

しかし，自己評価の経験に乏しい教員にとって，教育活動のうち明文化されにくい暗黙部分を言葉と数値で表現する作業は，厳しい思考を求めることになる[7]。この時，「主任」（ミドル）を中心に話し合う場が必要になることで，組織の本質である「協働」の意味を再認識させることができる。

さて，組織構成員に対するFDと危機意識の高揚は密接な関係がある。ビ

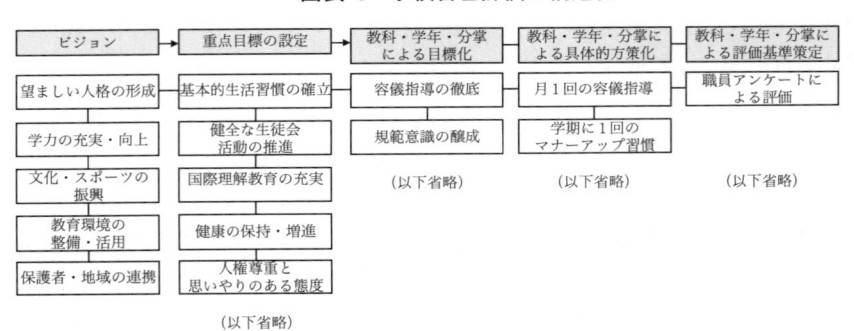

図表 5　学校自己評価の構造化

ビジョン	重点目標の設定	教科・学年・分掌による目標化	教科・学年・分掌による具体的方策化	教科・学年・分掌による評価基準策定
望ましい人格の形成	基本的生活習慣の確立	容儀指導の徹底	月1回の容儀指導	職員アンケートによる評価
学力の充実・向上	健全な生徒会活動の推進	規範意識の醸成	学期に1回のマナーアップ習慣	
文化・スポーツの振興	国際理解教育の充実	（以下省略）	（以下省略）	（以下省略）
教育環境の整備・活用	健康の保持・増進			
保護者・地域の連携	人権尊重と思いやりのある態度			
	（以下省略）			

ジョンは学校自己目標を通じ、具体的目標として各科目のなかに織り込まれているが、科目によっては教育改革の重要な柱となる高度な内容も含まれており、担当する教員には高い知識とスキルが要求される。この時、学校のビジョン実現のために必要とされるレベルと個人の自己申告による現在の能力のギャップを示すことにより危機意識を高めることができる。図表6はFDの準備段階として、専門教科の教員全員に対して実施した「ヒューマンパワーに関するアンケート調査」の結果である。これは、ビジョン実現のために必要とされる5つのスキル項目（① 流通分野、② 会計分野、③ プログラミング言語系、④ システムアドミニストレータ系、⑤ マルチメディア系）において、個人と専門教科の教員全員の平均値がどのような関係にあるかを示している。[8)] レーダーチャートを用いることで、平均値とのギャップを個人の「得意分野（強み）」と「不得意分野（弱み）」という形で視覚化することができる。さらに、ビジョンを実現するための目標レベルとのギャップが大きければ大きいほど、研修への強い動機づけとなるものと考えられる。

図表6　ヒューマンパワーのレーダーチャート

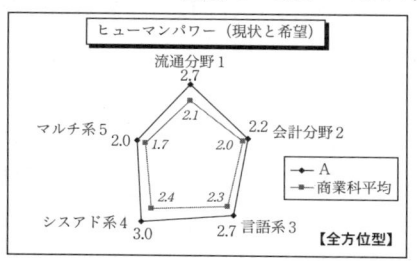

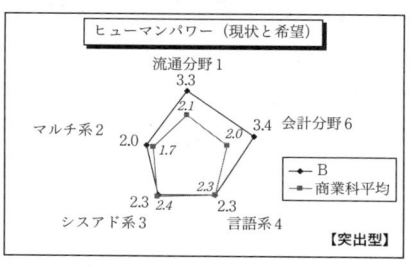

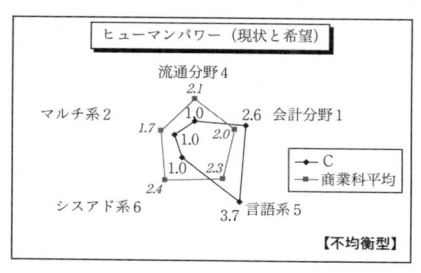

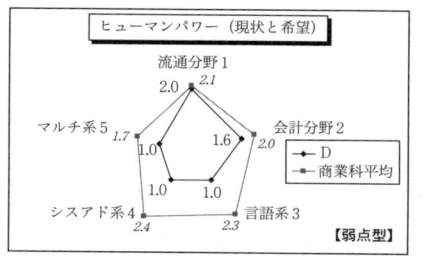

また，この結果をもとに Kotter（2002）のいう変革推進チームである研究チームの編成に着手した。研究チームは教育改革の中心となる科目の研究を行うと同時に，今後それらの科目を担当する。研究チームへのアサインにあたっては個別面談を実施し，ビジョンを再確認するとともに，対話を通じ組織へのコミットメントが高まるよう働きかけた。またチームのなかで，「強み」を有する人材はリーダーとして抜擢し，その他の教員は「弱み」の克服を短期的な目標とした。このように，個人の目標達成とともに研究チームとしてビジョン達成をうながすことはチームビルディングとしても有効であり，自律的な動機づけとなる。このようなチームリーダーを中心とした取り組みは，個人の能力向上とともにチームとしての組織力を高める。また，個人主義が強く連携がとりにくい教職員特有の組織風土のなかで，チームとしての連帯を深め，リーダーを育成する土壌づくりには適している。このように，FDと呼応する形で危機意識を高めることは有効である。

　次に，各科目の担当者にとって自分の授業がどのように生徒に評価されているかは大きな関心事である反面，一つの脅威でもある。個々の教員の指導力の差は評価結果となって顕在化し，教員間の競争意識の喚起や醸成につながる。そこで，全科目を対象に，「わかりやすい」，「もっとわかりやすくしてほしい」の2つの評価基準で生徒による授業評価を実施した。「わかりやすい」と回答した数をプラスの評価，「もっとわかりやすくしてほしい」と回答した数をマイナスの評価とし，「プラスの評価－マイナスの評価＝科目のわかりやすさ」の計算式により算出した（図表7参照）。授業評価は授業改善に生かされることが第一目的ではあるが，「教科主任」（ミドル）に対して「教科」としてのばらつきをいかに是正するかを考えさせる有効なFD教材となる。

　シラバス（syllabus）は高等教育機関の変革の推進とともに広く知られるようになった。説明責任，学生が履修選択を行うための情報や授業の設計図，学習の指針を示すものであり，履行の責任までも負うものである。中等教育におけるシラバス作成にあたっての基本的な考え方としては，①生徒

6 学校におけるマネジメント 109

図表 7 生徒による授業評価

	科 目 名	1組	2組	3組	4組	5組	6組	7組	学年計
科目のわかりやすさ（プラス評価数－マイナス評価数）	科目A	33	21	27	23	27	19	19	169
	科目B	18	3	－16	3	－2	8	－1	13
	科目C	2	－29	－9	－23	－15	－13	0	－87
	科目D	－17	－11	－6	－13	4	－11	－15	－69
	科目E	5	0	2	－1	－5	－8	－5	－12
	科目F	－10	－10	0	0	0	0	0	－20
	科目G	0	0	2	5	0	0	16	23
	科目H	0	0	0	0	8	6	0	14
	科目I	－30	－29	－24	－23	1	－2	5	－102
	科目J	4	6	－4	－4	0	－14	19	7
	科目K	－34	－21	－14	9	0	3	－38	－95
	科目L	5	23	12	11	1	10	13	75

の学力，進路，意欲などを十分考慮し，学校ブランドを確立できるようなシラバスづくり，②生徒・保護者への説明責任，生徒の自主的な学習の促進，指導の質や方法の改善を念頭に置くことを特に強調した。授業評価との関連づけも狙いの一つに上げており，計画性の高い授業展開が期待できる。同時に，シラバスを作成するには関係する教員全員のコンセンサスが必要であり，話し合いの場を必然的に生じさせ，ミドルを中心に組織の活性を高めると考えられる。

学校組織におけるライン機能を明確にし，校長の権限を強化しようする動きが急速に進んでいる。高階（2001）によると，「東京都では，教務主任，生徒指導主任，進路指導主任などの『主任』を主幹として特化し，これを一般教員の職務上の上司として位置づける方向で検討が進んでいる。主幹を『教頭を補佐するとともに，教諭などを指導・監督する』と位置づけ，教育委員会が任用管理（異動など）を行うとされている。」としている（高階 2001：72）。これはフラットな組織のなかに小規模な階層構造を導入しようという考え方である。また，目標管理制度や人事評価制度などMBO（Management By Objectives) に基づくマネジメントが学校現場にも導入され始めている。このようななか，これまで述べてきた FD を応用したミドルアップダウン・マネジメントはミドルリーダーを育成すると同時に個人への気づきを与え，組織変革をもたらす効果的な手法である。本研究における取り組みは，その一つのあり方を示したのではないかと思う。Peter F. Drucker (1993：121) の "Management By Objectives And Self-Control" における Self-Control の重要性を常に想起しながら，組織変革は進められるべきである。

3 分析と成果[9]

3.1 負担度・満足度・注力度による分析

これまでの一連の組織変革活動が実際にどのような変化をもたらしてきたかについて，平成17年度，18年度の校務分掌に関する教職員アンケートによって考察する。アンケートは，校務分掌の「分掌」，「学年」，「部活動」，「教科」に関するものである。それぞれの項目に対して，「どの程度満足しているか（満足度）」，「どの程度負担に感じているか（負担度）」，「どの程度力を注いでいるか（注力度）」について，評価4「とても満足」・「とても負担」・「特に力を注いでいる」から評価1「とても不満」・「全く負担ではない」・「全く力を注いでいない」までの4段階で評価を行ったものである。

ここで，「満足度」と「負担度」は，主に業務強度分析により不公平感の是正を図ろうとする構造面の変革に関する評価指標である。また，「注力度」は FD を応用したミドルアップダウン・マネジメントである組織構成員への直接的働きかけに関する評価指標である。これらの「満足度」，「負担度」，「注力度」という3つの評価指標の相関関係について，次のような仮説を立てることができる。

「満足度と負担度は負の相関関係にある」…仮説①

仮説①は，業務強度分析で考察したように，一般的に業務の強度が高まれば「負担度」が増し，不公平感を高める一要因ともなり，「満足度」は低下することを意味している。すなわち，「負担度」と「満足度」は負の相関関

係にあるといえる。

　「負担度と注力度は正の相関関係にある」…仮説②

　仮説②は，一般的に業務の強度が高まれば「負担度」が増し，それに伴い業務を遂行するために費やすエネルギーである「注力度」が大きくなることを意味している。すなわち，「負担度」と「注力度」は正の相関関係にあるといえる。

　以上の仮説①②から，「満足度」と「注力度」の間には，帰納的に次のような関係を導くことができる。

　「満足度と注力度は負の相関関係になる」…仮説③

　仮説③は，組織構成員の職務に対する「満足度」を高めるための取り組みが，「注力度」の低下をもたらし，全体的なパフォーマンスの低下という危険性をはらんでいることを意味する。

　さて，「統合的アプローチ」によると，組織変革の目的は組織の効率を高めることと組織構成員の欲求を充足することにあり，この２つは相互作用をもつ。そこで，欲求充足を「満足度」，組織効率を「注力度」として考えることにしたい。経済学では入力（input）と出力（output）の差異で効率を測るのが一般的である。企業であれば年度ごとの財務諸表などによって定量的な業績測定が可能である。もちろん学校においても教育活動に関する課題の達成度については測定可能である。しかし，生徒の成長・発達や学習需要の充足，学校教育目標の実現などを組織の使命とする公立学校においてはその測定は難しい。生徒の入試時の学力や志願倍率など入力変数とし，大学進学率，就職内定率などを出力変数とすることも可能であろうが，筆者の問題意識とはやや齟齬がある。そこで，本研究では教育という「価値創造プロセス」に対して最も強い影響をもつと思われる組織構成員の「注力度」に着目して考察を行うこととした。簡単にいえば，教職員の「注力度」で示される入力の増加が，出力である教育における価値の増加につながっていると考えるものである。

　このような考え方のもと，統合的アプローチモデルがうまく機能すれば，

組織構成員の「満足度」と「注力度」という2つの指標は正の相関関係をなすことが期待される。果たして，今回の組織構成員への直接的な働きかけが「満足度」と「注力度」における負の相関という仮説③を棄却し，欲求充足と組織効率を同時に高める方向で組織変革ができたのか検証する。

3.2 順位相関と符号分析

アンケートによって得た数値は順位尺度であり，通常の相関係数を用いることは適当でない。本研究では，スピアマン（Spearman）の順位相関係数を用いる。結果は表2のとおりである。なお，分類にあたっては，生徒と直接的な相互作用を有する機会の多い「担任」と「担任以外」に分けて示している。

まず，仮説①について検証する。仮説①「満足度と負担度は負の相関関係にある」については，1％水準，5％水準の双方で有意な結果は得られなかった。「満足度」は職責の遂行から得られた成果に対する自己評価や他者評価と解し，「負担度」はその職責を遂行するための当人の精神的，肉体的，時間的負担の程度を示すものと解することができる。求められる成果を出し満足を得るためには，ある一定限度までは負担は厭わないというのが一般的であり，「満足度」と「負担度」はそれぞれが独立して変化すると考えられる。しかし，負担がその一定限度を超えた時に両者が両立できる関係が崩れ，仮説①で示すような負の相関が成立すると考えられる。今回の組織変革の取り組み時点で行ったアンケート調査（平成15年度）では，組織構成員のなかに業務に関する不公平感が蔓延しており，すでにこの時点で両者は負の相関にあったと推察できる。

また，仮説②「負担度と注力度は正の相関関係にある」については，平成17年度では，「分掌-全体」，「分掌-担任以外」で，また平成18年度では，「学年-全体」，「学年-担任」において，1％水準で有意であることが確認された。また，5％水準では，平成17年度では，「学年-全体」，「分掌-担任」，「担任-教科」，平成18年度では，「教科-全体」，「部活動-担任以外」，「教科-

図表 8　スピアマンの順位相関係数

		平成17年度			
		スピアマン相関係数の符号　（**1%有意，*5%有意）			
	対象	分掌	学年	部活動	教科
全体	満足度－負担度	−0.102062	−0.185244	−0.195364	−0.276752
	負担度－注力度	0.548606**	0.327289*	0.251134	0.242636
	満足度－注力度	−0.102062	0.177211	0.229202	−0.007476
担任	満足度－負担度	−0.004328	0.195865	0.187577	−0.402259
	負担度－注力度	0.481869*	0.391652	0.394407	0.491705*
	満足度－注力度	0.315279	0.420084	−0.070273	0.139937
担任以外	満足度－負担度	−0.140363	−0.484476*	−0.306974	−0.231351
	負担度－注力度	0.587853**	0.046948	0.146820	0.100006
	満足度－注力度	−0.047521	0.032721	0.382853	−0.105024
		平成18年度			
		スピアマン相関係数の符号　（**1%有意，*5%有意）			
	対象	分掌	学年	部活動	教科
全体	満足度－負担度	−0.213647	−0.077559	−0.019108	−0.254488
	負担度－注力度	0.280170	0.529378**	0.285862	0.356130*
	満足度－注力度	0.207618	0.393186*	0.397525*	0.156356
担任	満足度－負担度	−0.003732	0.240008	−0.386023	−0.127012
	負担度－注力度	0.199276	0.751456**	0.176880	0.282666
	満足度－注力度	0.599167*	0.400743	0.087867	0.354860
担任以外	満足度－負担度	−0.368948	−0.054940	0.169271	−0.363676
	負担度－注力度	0.239395	0.198061	0.518328*	0.470132*
	満足度－注力度	−0.083077	0.379963	0.609784**	0.090599

担任以外」において有意である。これは，求められる成果を出そうと注力すれば負担は増大することを示している。しかし，このような負担は当人にとってはできれば避けたいものばかりではなく，後述するように教員の効用に

図表 9　スピアマンの順位位相関係数の符号

平成17年度						平成18年度					
スピアマン相関係数の符号　(** 1%有意, * 5%有意)						スピアマン相関係数の符号　(** 1%有意, * 5%有意)					
	対象	分掌	学年	部活動	教科		対象	分掌	学年	部活動	教科
全体	満足度－負担度	－	－	－	－	全体	満足度－負担度	－	＋	－	－
	負担度－注力度	＋**	＋*	＋	＋		負担度－注力度	＋	＋**	＋	＋*
	満足度－注力度	－	＋	＋	－		満足度－注力度	＋	＋*	＋*	＋
担任	満足度－負担度	－	－	－	－	担任	満足度－負担度	＋	＋	－	－
	負担度－注力度	＋*	＋	＋	＋*		負担度－注力度	＋	＋**	＋	＋
	満足度－注力度	－	＋	＋	－		満足度－注力度	＋*	＋	＋	＋
担任以外	満足度－負担度	－	－*	－	－	担任以外	満足度－負担度	－	－	＋	－
	負担度－注力度	＋**	＋	＋	＋		負担度－注力度	＋	＋	＋*	＋*
	満足度－注力度	－	＋	＋	－		満足度－注力度	－	＋	＋**	＋

も関係していると考えられる。

　以上，スピアマンの順位相関係数においては，有意に仮説①を導くことはできなかったが，重要な考察の視点を与えてくれた。そこで，相関係数の符号に着目し考察を進めることにしたい。図表9は図表8をもとに，スピアマン相関係数の正（＋）負（－）の符号を表したものである。

　相関係数の符号に焦点を絞ってみた場合，統合的アプローチモデルにおける直接的な働きかけにより，「満足度と注力度は負の相関関係になる」という仮説③を棄却することができたのであろうか。一般的に仮説③では，「満足度」は職責を精一杯果たしたことで得られる当人の充足感であり，「注力度」は職責を完遂し，成果を得ようとして行われた当人の集中的努力の大きさを示すと考えられる。この両者もある限度内ではそれぞれが独立して変化するが，注力の度合いが一定限度を超えた時に両者が両立できる関係が崩れ，仮説③で示すような負の相関が成立すると考えられる。また負の相関は，仮説設定時に指摘したように，「満足度」を高めるための取り組みが構成員の誘因につながらない場合にも発生しうることを想起すべきである。そこで，「満足度」と「注力度」の相関関係についてみてみることにしたい。平成17年度では，負の相関である「－」が，「分掌-全体」，「教科-全体」，

「部活動-担任」,「分掌-担任以外」,「教科-担任以外」などでみられる。それに対して,組織変革後2年が経過した平成18年度では,「分掌-担任以外」を除くすべてのケースで正の相関を示しており,相関係数からも仮説③は棄却できると考えられる。

しかし,「分掌-担任以外」において,平成17年度と18年度に連続してみられる「-+-」は最も警戒すべきパターンとしてあらためて注記しておきたい。「満足度」を高めるための取り組みが,結果として「注力度」の低下をもたらし,全体的なパフォーマンスの低下につながっている可能性を示している。これは,統合的アプローチモデルに相対する仮説③として検討してきたものであり,ここに属する教職員はフリーライダー化している危険性がある。楽な教員はますます楽になり,忙しい教員はますます忙しくなる。このような状況が常態化すれば,一時的に活性化したようにみえた組織も再び同じ問題を抱えることになるため,今後どのような働きかけが必要なのかについて検討を要する。

一方,図表9の「学年-担任」における「満足度-負担度」,「負担度-注力度」,「満足度-注力度」のすべてで正の相関がみられる。特に,平成18年度の「負担度-注力度」に関しては1%水準で有意であり,強い正の相関をもつ。この傾向は,平成18年度の「部活動-担任以外」にも表れている。「担任」として要求されている成果を出すためには,適切な生徒指導についての継続した自己啓発が求められる。また,部活動における監督としての指導や管理的業務についても大きな責任と負担が求められる。しかし,こうした活動は確かに負担度を増加させるが,当人に楽しい時間を与え,大きなやり甲斐を感じさせることも事実である。組織変革は,このような教員の効用についても十分考慮する必要があるといえる。

以上,「満足度-負担度」,「負担度-注力度」,「満足度-注力度」の3つの相関関係に着目して考察を進めてきた。統合的アプローチモデルが目的とするパターンが「-++」のパターンであることは説明を要しないであろう。平成18年度は17年度と比較して増加しており,一連の変革活動における一定

の成果として確認することができる。このことから，今回行った公立高校における実践的取り組みは，統合的アプローチモデルにより近づいていると考えられるのである。

おわりに―残された課題―

ここまでは主に，一連の組織変革活動が教職員の意識や行動にもたらした変化を中心に分析を行ってきた。しかし，決して教職員中心の組織変革を行おうとしているのではない。生徒による授業評価や保護者アンケート，学外者で構成される学校評議員による提言など常に外部の声や評価を受けながら改革を進めてきた。平成15年度から現在までの「教育活動」，「学習活動」，「教育環境」，「開かれた学校」などに関する保護者評価のポイントは確実に向上しており，学校自己評価のWeb公開も学校経営の透明性を高めている。教育改革の一つの目標であった情報系国家試験にも初めて合格者を出すなど，生徒を含む組織全体の価値創造が進んでいる。このようななかで，生徒との関わりが最も強い「担任」に関する管理上の問題について考察を行い，残された課題を明らかにしたい。

学校の重層的組織構造のなかで，学級側のノードにはGKとしての「担任」が情報伝達をコントロールしていることについては前述した。学級運営という形で最も生徒との相互作用を有するのが「担任」であり，「担任」は学校組織の末端GKとして「分掌」，「学年」，「教科」，「管理者」などからさまざまな情報が最も集中する要所でもある（図表2参照）。図表10は，4段階評価の平均点とその増減を示したものである。全体的な「負担度」は増加傾向にあり，特に「担任」の「分掌」における「負担度」は最も増加している。この時，「負担度」に関して，教員の効用と組織効率の関係からどのように考えるかは残された大きな課題である。

以下では，担任分掌化という方策に限定してこの問題を考察する。担任分掌化とは，「担任を分掌から外すことで負担を軽減し，学級運営に専念させるため，担任業務を分掌の一つと考える」という意味の造語である[10]。ここで

図表 10　4段階評価の平均点と増減

対象	項目	平成17年度（A） 4段階評価の平均点				平成18年度（B） 4段階評価の平均点				増　減（B−A）			
		分掌	学年	部活動	教科	分掌	学年	部活動	教科	分掌	学年	部活動	教科
全体	満足度	3.0	3.1	3.1	2.7	3.1	3.2	3.2	2.9	0.1	0.1	0.1	0.2
	負担度	2.6	2.4	2.2	2.6	2.9	2.5	2.3	2.5	0.3	0.1	0.1	−0.1
	注力度	3.1	3.1	2.7	3.5	3.3	3.2	2.9	3.5	0.2	0.1	0.2	0.0
担任	満足度	3.0	3.1	3.0	2.8	3.0	3.3	3.1	3.0	0.0	0.2	0.1	0.2
	負担度	2.3	2.6	2.2	2.6	2.8	2.7	2.3	2.5	0.5	0.1	0.1	−0.1
	注力度	2.9	3.5	2.6	3.6	3.2	3.5	2.6	3.5	0.3	0.0	0.0	−0.1
担任以外	満足度	3.1	3.1	3.2	2.7	3.2	3.1	3.3	3.0	0.1	0.0	0.1	0.3
	負担度	2.7	2.2	2.2	2.6	2.8	2.3	2.4	2.6	0.1	0.1	0.2	0.0
	注力度	3.2	2.9	2.8	3.3	3.4	3.0	3.1	3.5	0.2	0.1	0.3	0.2

いう担任分掌化とは，「担任」は学校の重層的組織構造のなかで，「学年」，「教科」という単位には属するが，スタッフ的な「分掌」には重複して帰属しないことを意味している。担任分掌化を「分掌」からみた場合，これまで「担任」が行っていた業務を残った人員で分担することを意味するため，一人あたりの業務強度は高くなる。学校内部では未だ旧態然とした仕事のやり方も多くみられる。本来，業務分析を行うには業務分類表を用い，業務の内容および時間測定からの分析・検証を精緻に行うことも必要である。担任分掌化にあたっては，OJTなど仕事をいかに効率的に進めるかについての教職員の能力開発訓練（FD）も不可欠であるといえる。

さて，構造面での変革では，適材適所について考慮しながら人材の内部流動性を高めるためのローテーション導入についても述べた。これは，適材適所とはどのような状態を指すのか，また，専門性と汎用性という二律背反する問題をどう解決すればよいのか，さらにローテーションをいつ止めればよいかという最適停止問題を内包している。しかし，本研究においてはこれらの点にも言及できていない。教職員と生徒が自己統制のもと，それぞれが価値の最大化を目指すことで，学校組織全体としての価値創造を図る。このよ

うな残された課題について今後研究を進めていく。

〈注〉
1) 校務分掌とは，学校としてなすべき仕事を適正かつ効果的に処理するため組織を整え，個々の教職員に校務を分担させることをいう。
2) 本来は「門番」。交通や通信を監視・管理したり，企業で意思決定権を有する人を指す。
3) 具体的には，たとえば図表3において，新生徒会は旧生徒会と環境美化部を統合した。また，産業調査部を廃止し新総務部を新設した。
4) これは，野中・竹内（1996）により，トップダウンやボトムアップと対比する形で研究されている知識創造のためのマネジメントモデルである。
5) FDとは，Faculty Developmentの略で教授団資質開発の意味。教職員の意識改革，教育活動・研究活動・事務・社会奉仕活動などの能力を組織的・自発的に高めていくこと。
6) 野中・竹内によるとミドルが具体的なコンセプトを創り出すとしている（野中・竹内，1996：193）。しかし，学校現場ではミドルを中心にして，単位ごとの話し合いをもとに構成員全体で目標設定が行われている段階である。
7) 具体的目標のなかには，「規範意識の醸成」のように成果測定（アウトカム指標）が難しい目標も多い。そのためアウトプット指標として「マナーアップ講習会の開催数」などを用いるが，アウトカムとアウトプットの相違や指標の設定に関する研修が必要である。
8) アンケートは，流通，会計の2分野とプログラミング（言語系），システムアドミニストレータ（シスアド系），マルチメディア（マルチ系）の3系のスキル項目ごとに「4：十分指導できる」，「3：ある程度指導できる」，「2：生徒と共に学びながらできる」，「1：指導できない」の4段階で評価した。図表6中の数字は評価の平均値を，また分野・系に続く数字は今後伸ばしたい分野・系の優先順位を示している。図表では特徴的な4パターンを示した。
9) 分析にあたっては，レフェリーの助言を参考にした。
10) 学校教育法施行規則（第22条の2）では，「校長は調和のとれた学校運営のために校務分掌の仕組みを整えるものとする」とされ，担任も校務分掌の一部と考えるのが妥当である。

〈参考文献〉
日本語文献
伊丹敬之・加護野忠男（2000）『ゼミナール経営学入門 第2版』日本経済新聞社
占部都美（1988）「組織変革」神戸大学経営学研修室編『経営学大辞典』中央経済社，p. 668
坂下昭宣（1996）『組織行動研究』白桃書房
高階玲治（2001）『学校の組織マネジメント』教育開発研究所
野中郁次郎・加護野忠男・小松陽一・奥村昭博・坂下昭宣（1978）『組織現象の理論と測定』千倉書房
野中郁次郎・竹内弘高（1996）『知識創造企業』東洋経済新報社
松田陽一（2000）『企業の組織変革行動』千倉書房
山本安次郎（1968）「組織変革の組織理論について（1）」『組織科学』，第2巻第2号，pp. 8-21，「組織変革の組織理論について（2）」『組織科学』，第2巻第3号，pp. 49-61，白桃書房

英語文献
Drucker, P. F. (1993) *The Practice of Management*, Harperbusiness Reissue.
Kotter, J. P. (2002) *The Heart of Change : Real-Life Stories of How People Change Their Organizations*, Harvard Business School Press.（高遠裕子訳（2003）『ジョン・コッターの企業変革ノート』日経BP社）
Robbins, S. P. (1997) *Essentials of Organizational Behavior*, Prentice Hall.（高木晴夫監訳（2002）『組織行動のマネジメント』ダイヤモンド社）

7　経営教育学序説®
――経営手腕に迫るための立論形態の再考――

辻村　宏和

キーワード
帰納法的推論　　個別事例研究　　演繹法的推論
経営（手腕という経営者アートを）教育（する）学
経営手腕

はじめに：問題提起

　論文が学術的であるからには経験的観察と思索的思惟の結実成果として，「知 → 考 → 書」の論文サイクルはマネジメント・サイクル同様に好循環を保たねばならず，「断片的な知識の非論理的集積」（佐藤，2003：巻頭文）でしかない研究は慎むべきである。社会学が「社会的行為を解釈によって理解する方法で社会的行為の過程および結果を因果的に説明しようとする科学」（Weber, 1922＝1972：8）と定義されるように，経営学も論述構成は科学的（≒客観的）思考形態をとる必要がある。

　ただし，経営学が研究対象とする経営実践は実践的（≒主観的＝個別的）思考に基づいてなされることが多く，主観的な経営実践を客観的な思考形態で論ずることの陥穽が，つい看過される。われわれは「単純な因果関係に即して考えることが実際に便利であること（経営学のヴァーチャリティ）を知っている。しかし，われわれの多くは，ある場合（実践）には，より複雑な

相互依存関係に即して考え（『考える』というよりも『感じる』という方が適切なことが多い）なければならない（経営のリアリティ）」(1, 2, 4番目の丸括弧内は筆者)(Barnard, 1948＝1990：204)。かような点についての無理解が，経営学論文のアイデンティティーを喪失させている。

本小論では，経営教育学が避けて通れない「経営手腕」概念への接近にはいかなるアプローチが有効なのか，という問いをリサーチ・クエッションとし，個別事例研究の有効性を再発見せんとするものである。

1 再考：帰納的推論

帰納的研究方法は性急な測定概念化が横行し，実証研究の生産性の高さとは裏腹に経営学的インプリケーションに乏しいものが少なくない。「経験的一般化は記述であって説明ではない。説明を行うのは理論である」（石川・佐藤・山田，1998：48）。しかるに統計学的普遍性をめざす実証研究は研究のデファクト・スタンダードと化し，主流と化している。が，平均による理解の危険性は説明できないものを捨象して"知ってるつもり"になってしまうことである。統計学依存症である。"If other things being equal"という仮定を多く設けた理論ほど実践度が低いことは，明白である。経営実践はボクシングなどの格闘技と同様に「結果がすべて」で，実践では「If…」などの条件節を伴う学者の意見などに左右されていたら，ボクシングのヴァーチャリティ（①「手技限定＆グラブ」制，②クラス・ウェイト制，③ラウンド制）をリアリティと混同視するようなもので，経営者は実践で後悔するだけである。

平均的理解が有効な問いの典型例は，推測統計学のように母集団の性質を推測するようなとき（たとえば「現代の日本企業は…」などのような問い）である。このタイプは，いわゆる「経営について調べる研究」に多い。が，経営学の一学派たる経営教育学，すなわち「経営（手腕という経営者アートを）教育（する）学」では要注意である。経営教育学は自ずと「経営手腕という経営者アート」の探求を前提とせねばならず，したがって，「経営につ

いて調べる研究」と性格を大きく異にする。経営手腕は究極のところ勝負技能で，個別総合的行為なのであり，マクロ経済に誘導された付和雷同型の経営行動とは相容れない。個別総合的行為たる経営手腕は大量データの平均的理解からでは検出しづらいのである。「経営教育学原理」といえば，すぐれて「経営（手腕という個別総合的な経営者アートを）教育（する）学（のための教育者向けの）原理」であらねばならない。われわれが経営手腕を探究する上で重要だと考え，便宜的な概念区分ではあるが，「N-MP」概念を提唱した（辻村，2001：第3章）のも，その意図は経営手腕概念が個別総合的アートの概念であるからだ。かような意味で，経営教育学は第一に「経営学研究」であり，また良い意味での「経営学・学」でもあり，「経営（についての）研究」とは峻別されねばならない。

　平均的理解を主とする推測統計学は早くから経営学カリキュラムにも「経営統計学」などの科目呼称で進出してきてはいるのだが，すでに統計学サイドからも，たとえば「このような推測統計学がビジネスや経営管理の現場でどの程度必要とされているかという点にある」（東渕，2006：34）といった問題点が指摘されている。参考になるのは，研究対象こそ違うものの，社会問題「いじめ」は大量観察による平均的理解によって結局対応が遅れた，とされる議論である。いじめの事件を一過性のできごとと片づけず，一部の特殊な人間が起こした事件として風化していくのを防ぐために記したといわれる評論集『子供問題』（春秋社，1996年）の著者・芹沢俊介は，「どれだけの子供が自殺を繰り返せば何かが始まるのか」という苛立ちを隠さなかった（『日本経済新聞』1996年1月21日付朝刊要約）。芹沢の主張は「いじめが大量データ化されなかったために概念化されなかった」とも翻訳され得る。

　統計学の手法を身にまとうことによって発展した社会科学は「『見えるもの』のみが突出」し，それは「『見えにくくなってきたもの』が多くなってきていることと表裏する」（高瀬，1994：112要約）といわれもするが，それは，経営について調べるだけの研究に相当程度当てはまるといっても過言ではない。われわれは，かの *Harvard Business Review* 誌の意義は仮説検証

研究よりも主観的な仮説構築研究にウェイトを置いた掲載論稿が多いことにある，ということを再確認したい。バーナード（C. I. Barnard）の「意思決定しない意思決定」行為（Barnard, 1938：193-194＝1968：202-203）などは重要な経営手腕であるにもかかわらず，大量データの平均的理解ではこぼれ落ちやすい。経営教育学原理の構築のためには経営学で敬遠され続けてきた経営実践における「声なき声」は実はすこぶる重要で，「最も重要な決定は最も目立たない」（Weick, 1979＝1997：318），「多くの事柄は小さなことを通じて成し遂げられる」（Levitt, 1991＝1998：56）といったそうそうたる経営学者によって唱えられた命題は見逃せない。また，アンドリューズ（K. E. Andrews）がバーナードの主著『経営者の役割』を評して「どこにでも起こっているがほとんど理解されていない一連の現象」（Andrews, 1968：xiii＝1968：26）を取り扱うことに成功したとするのも，以上のごとくとらえられるべきである。「物的証拠を重視する実証歴史学では，組織史は発達しない」（堺屋，1993：82）といわれるが，その通りである。

2 再発見：個別事例研究の有効性

2.1 歴史学との相似性

かくして，大量データの平均的理解に基づく帰納法的推論が統計学的普遍性を確保するのに対して，個別事例研究は普遍性の確信を得るということで評価したい。がしかし，個別事例研究による帰納法的推論は近年のアカデミック・ルールから，それにとどまった研究は後ろめたさを感じるほどである。個別事例研究に対する通常評価は，「（一）事例はすでに選択されている，（中略）（二）事例が設定している前提や条件はきわめて個別的で限定されたものが普通であるから，それから抽出した命題には普遍性が乏しい…」（野田，1967：32-33）という類のものである。しかしそれは，「個別を通して一般（全体）を知ることができる」「個別の中にこそ普遍原理が落ちている」という側面を見落としているからにほかならない。行為，ひいては「人物に注目できる」ことに個別事例研究法のアドバンテージがある。

個別事例研究は「ケース・スタディ」などともいわれ，歴史的理解に属する。自然現象の没歴史性に対して，個別事例の歴史性が個別総合的行為たる経営手腕の考察にはうってつけで，大量データの平均的理解に対してアドバンテージを有する。個別の経営事例を歴史的に小刻みに検討すると，大量データの平均的理解によって導かれた帰納法的推論のなかにも，「小同大異を大同小異」と認識してしまっている過ちを散見する。強調されるべきは，個別事例を「既存仮説で説明する」のではなく「新仮説を導く」ことである。新しい理論的仮説を創造することが最重要なのである。実は歴史学者もこの問題を早くから重視しており，「個別事例」と「仮説」との関係は，下記の引用文中の「歴史」と「理論」との関係と酷似している。

　　仮説的な認識という点では，科学も歴史もともに同一であるがこの仮説
　　的な認識の方法を通して得ようとする目的は，両者において正に逆の方
　　向に向いている。科学は，一般命題の発見のために事実を用いるのに，
　　歴史は一般命題を用いて個々の事実の意味を知ろうとしているのであ
　　る。この一般命題ないしは，法則は，いったいどこからでてくるのかと
　　いえば，それは科学が提供するところのものである。従って，歴史は科
　　学の提供する理論の消費者，コンスーマーであって，科学はいわばその
　　プロデューサーの関係にある。（中略）第一に指摘しておかなければな
　　らないことは，（中略）<u>歴史学自体における概念構成というものは必要</u>
　　<u>でないのかどうか</u>。（下線は筆者）(堀米，1964：140-142)

　個別事例研究で留意すべきは，経営手腕が個別総合的行為なだけに，「…科学では，個々の現象に対するよりは，それを支配すると考えられている一般法則に常に原則的に大きい信頼が与えられているのに，歴史では丁度その逆である。歴史では個別的な事実にこそ信頼が与えられるけれども，それを支配すると考えられるような一般法則ないしは一般命題にはむしろそれよりも信頼が与えられないのが普通である…」(堀米，1964：145)という歴史学

と同様に，経営教育学も既存の経営学の普遍命題に縛られないということである。「歴史は科学を利用するが，科学に支配されてはならない」（西尾，2001：101）との警鐘はそのまま，経営学にとっても至言である。

2.2 経営手腕の特異性と個別事例研究

「さまざまな人物の言動からどれだけ多く感じられるか」ということが個別事例研究の真骨頂である。個別事例研究の意義は，最も広角なレンズを用いて独自の視座を構築することにある。観察者感覚でなく，研究者に「研究対象（個別事例）の一員」となる当事者感覚が要求されるのである。それへの疑似的接近がより可能なのは，個別事例研究の比較優位性といってよかろう。

「科学の基礎＝演繹法」だったのがいつしか「科学の進歩の方法＝データから理論導出：帰納法：論理実証主義：仮説検証主義」となった。人は自分に都合のいいように解釈し，事実はすべて実は仮説のうえに成り立っている。つまり「はじめに仮説ありき」ということだ（以上，竹内，2006：74-75抜粋要約）。ゆえに「仮説を倒すことができるのは仮説だけ」（竹内，2006：92）ということの再確認が必要である。個別事例研究は，既存仮説を疑う「仮説思考（仮説的推論）」法なのである。

しかしながら，個別事例研究に基づき独創的な仮説構築を試みんとする経営教育学が，経営学界の確固たる座標を獲得するのは至難である。が，科学の条件に数えられる反証可能性の意義が「1万回実験が理論を支持しても1万1回目に否定的データが出たら…」ということにある通り，それは個別事例研究の思考的支えとなる。個別事例研究を通じて創造開発された概念について，経営教育学（あるいは日本経営教育学会）ではもっと多くの概念論争を手掛けるべきである。ただし，要素還元主義的に内包を再定義したり，比較分析のために皮相な概念設定したりするような拙速だけは避けねばならない。しょせん，「わかるように分けた」のでしかない概念などヴァーチャルである。

経営教育学の論考には安易な問題解決技法など一切含まれず，現世利益に欠け，スパークに乏しいのは明らかだ。が，実務家受けのよいリーディング・セオリーを目指すことよりも，経営教育学派の経営学者を任ずるのであれば，歴史でも理論でもそして政策でもない第4の領域として経営教育学のあり方を探ることが責務である。それこそ学派の開祖になることを競って研究すべきである。学者はその意味でのプライオリティー・コンペティターともいえる。総じて経営学者は，研究のプロとアマの区別があいまいである。ために，経営学は「最も誤解された社会科学」といわれる。「歴史学者 vs. 歴史（愛好）家」の関係と同様に「経営学者 vs. 経営者」の区別がルースなのである。「経営者：経営のプロ＝研究のアマ」が「経営学研究」でなく「経営研究：問題解決研究」に向かうのは必然だが，経営実践のアクターでもない「経営学者：経営のアマ（というより素人）＝研究のプロ」には「経営学研究＝『何を研究すべきか』の研究」がより大切である。経営学の「正統派の始祖は実務家であった」（西田，1980：105）し，経営学の「思想的支えの忠実な継承という点では，直系の正統派は，学者ではなくて経営コンサルタントだというべきであろう」（西田，1980：106）ことが学者間でも意外に忘れ去られているため，ここでは敢えて付言しておきたい。

　ちなみに最新の経営学入門テキストで，「…経営学という学問は広い，そして学際的である。（中略）執筆に加わった人たちも，<u>経営学プロパーというべき人たちは多くはない</u>。（中略）教科書的になるほど，何人かの著者が分担執筆して共著の体裁になるのが，むしろ当然ともいうべき分野のようである。」（下線は筆者）（田尾・佐々木・若林，2005：ⅱ）などという指摘が平然となされているということは，かような考え方の整理がついていないことの一証左である。経営教育学は第一に教育者向けの学である，ことを明言しておきたい。それは，格闘技などの各流派と同様，「教育＆学習体系」の確立こそがその学派を発展させ得ると考えるからにほかならない。[1]

　かねてより経営学者には二重のコンプレックス「実務家（経営者）の前では無知を恥じ，経済学者の前では（非科学的な）素人談義を嘆く」（丸括弧

内は筆者)(影山, 1976：はしがきを要約) があるといわれ,「いっそのこと, 経営学は実務家(経営者)が手掛けた方が…」という意見も聞かれる。その意見の妥当性は一見高く思われるが, 実務家(経営者)は経営の難しさを知っているに過ぎず, それと自己の経験を対象化して説明することとは別次元の問題である。したがって経営の神様・松下幸之助が「世の中に教えるに教えられないものもある。たとえば経営のコツですな。経営学は学べるが, 実際の経営は教えてもろうて『分かった』というものやない。これは一種の悟りですわ。」(松下, 1993：102) といったのもむべなるかな, である。かような技能認識から,「『何を研究すべきか』の研究」の回答として未だ序論の域を出ていないが, われわれは「『1人称経営学』の形でしか経営手腕は習得できないのではないか」という経営教育学としての仮説的問いを発するのである。

　ケースを「既存仮説で説明する」のではなく「新仮説を導く」といったが, そこでは,「行動の主観的意味の理解＝行動解釈」がきわめて重要となる。それは, 人間の動機と行動は一致しないのが普通だからで, 人間は「考えた通りに生きる」というよりも「生きた通りに考えている(≒理屈は後)」という側面が強い。真実は単なる事実の集積とは異なり, 人間関係という俗のなかにしか真実・真相は存在しない, ということなどしばしばである。ケース・ライティングにおいて「ケースの質≠f(情報量)」と強調されるのも, そういう意味からである。ケース・スタディなどで, 情報量に拘泥すると発想の硬直化につながりかねない。人間関係という俗のなかに真実・真相は宿るということについては, 経営教育学者という, 経営学史の顔とは別の顔をもつレスリスバーガー(F. J. Roethlisberger)が, ケース分析を通じて人間関係技能(≒経営手腕)を習得することの困難性は,「①それらの技能が知的に理解し難いという理由から生ずるのではないようである。②それは, これらの技能が, どんな技能でもそうであろうが, 学習するためには実践されなければならず, 教科書からだけでは学習できないという事実のせいだけでもない。筆者は永年にわたって, これらの技能を実践し教授しようと

してきたが，主たる困難は，③これらの技能の実践が，実践家の心に引き起こす不快な感情から生じるという信念に到達した。」（番号及び下線は筆者）(Roethlisberger, 1968：105；辻村・坂井，2000：75) と指摘していることとも符合する。

2.3 個別事例研究と価値妥当性

経営手腕の教育には，経営者の自己言及的でアンタッチャブル・ゾーン，すなわち「認め難きを認める」側面に関わらざるを得ないということである。それゆえ経営教育そのもの（経営教育実践，≠経営教育学）においても，経営者の一見非合理的とも思える行動も教育対象のユニットとする必要がある。「行動の主観的意味の理解＝行動解釈」すなわち「行為理解」である。「社会的行為を解釈によって理解する方法で社会的行為の過程および結果を因果的に説明しようとする科学」と定義される社会学では，社会的行為には「他の人々の過去や現在の行動，或いは，未来に予想される行動へ向けられたもの」で「以前に受けた攻撃への復讐，現在の攻撃への撃退，未来の攻撃に対する防御方法」(Weber, 1922=1972：35) などまでが含まれる。「行動では偶然，行為では必然」といったことは日常生活ではごくノーマルともいえ，行為主体の動機と結果とのブラック・ボックスを解釈することが大切である。経営学研究のダイナミズムはかようなところから生ずる。

かくして個別事例研究では事象選択基準の価値妥当性が，論理妥当性以上に問われる。価値妥当性は平易に「わかるなー，その気持ち！」[3]と翻訳されよう。いまだにバーナード理論の再解釈が多くの論者によって試みられるのも，バーナード自ら主著の価値妥当性について「アマチュアの著作であって学者の著作ではない」ことが功を奏し用いた「素材」が良かった (Barnard, 1968=1968：33 を要約) と述べた通り，現実をトレースした経験妥当性を訴えていることと無関係ではあるまい。「経営者の（自分に求められているものを感じ取る）役割（≠機能）」という解釈を施せば，主著『経営者の役割』ほど経営手腕テイストを伝え続け，想像力を刺激する経営学書はいまもって

少ない。

　バーナードが「経営者は，組織の本質的過程を論ずるに当たって，もしそれぞれの分野の専門用語にこだわらずに質問が述べられさえすれば，<u>わずかな言葉で相互の考えを理解することができる。(中略)(が，それを)</u>実際問題としてでなく，理論的問題として考えると，議論がそれぞれの専門分野からの実例に逆もどりするや否や，共通の理解というものはたちまち消えうせてしまうようである。」（訳の「管理→経営」変換，丸括弧内及び下線は筆者）(Barnard, 1938：Preface ⅷ-ⅸ＝1968：序 38) というときの「わずかな言葉」に迫ることが，経営手腕の解明に急がれる。

3　再考：演繹的推論
3.1　演繹的推論の制約

　残る演繹的推論は，上位概念（超歴史的概念，本質概念など）を用いて論理的必然の結論を導き出す。それは記述の域を出ない帰納法に対して説明を要することから，実証研究に席巻される以前は科学の基礎としての地歩を固めていた。管理過程学派のマネジメント・プロセスなどはその典型で，それは「Plan-Do-See 原理」に基づいて「経営者の機能（＝職能≠役割）」として演繹されたもので，確かにロジカルでわかりやすい。「一切の学問の最初の体系は分類学に他ならない」（三戸，1994：127-128）ことから管理過程学派は「管理学の最初の体系として生まれるべくして生まれて来るべき性質」（三戸，1994：127-128）があって，1950 年代に著作が次々と刊行され，以後四半世紀にわたって管理論テキストの世界を支配した（川端，1995：199）。

　しかしながら，上位概念からのファンクショナルなとらえ方では経営者職務と経営手腕の間はミッシング・リンクとなる。「Plan→Do→See」回転よりも「Do→See→Plan」回転などの方が現実的であることは，非合理的組織論の多くの論考が教えるところである。概念的抽象化は知性の基本ではあるものの，「歴史的未定義概念：経営手腕」のような多面体のワン・センテンス定義は経営教育学にとって意味が薄い。経営手腕は多面的概念であ

るがゆえに経営者キャラクターが強く反映し，その流儀に個人差が大きく，ポータブル化の対象となりにくい。宮本武蔵の一代限りの二刀流，のようなものだ。

　したがって歴史的未定義概念たる経営手腕に接近するための発想としては，サイモン（H. A. Simon）らの組織概念への迫り方，「本書は公式組織の理論に関するものである。公式組織とは何かということについて，この言葉を定義するよりも，例をあげたほうがより簡単であるし，おそらくより有益であろう。USスチール株式会社は公式組織である。赤十字も，街角の食料品店も…。（中略）当面の目的としては，組織の正確な境界をどこに引くかとか，『組織』と『非組織』の明確な区別について，思いわずらう必要はない。われわれは，経験的な現象を扱っているのであり，現実の世界は，きれい事の分類にピタリと当てはまるような都合のよさをもってはいないものなのだ。」（March & Simon, 1958：1＝1977：3）が参考になる。

　かといって，経営手腕概念を不可知なものとして概念論争を退けるわけではない。エキサイティングな概念論争は重要である。問題は，内包の言辞化（定義）に限定しない経営手腕概念への迫り方である。最初から辞書的定義や操作的定義にこだわりすぎると，かえって経営手腕概念への接近に妨げとなろう。概念論争といえば組織概念の論争がつとに有名だが，組織概念よりも社会的現実における「組織化」という行為の先行性を見落としてはならない。バーナードの，「十分な知識を持たないで行為しなければならないことが少なくないという実際的事実」「多くの知識は，たとえ入手可能であっても，少なくとも使用に間に合うように入手することができない。」（Barnard, 1948＝1990：206）という指摘は，経営手腕概念に接近する上での大前提である。

　経営手腕は「いわく言いがたいもので，とても一言では…」というような代物で，ミステリアス・ゾーンが多く，経営手腕をめぐってアクターの経営者と議論をすれば，「やった者でないと…」と一蹴されかねない。そもそも経営手腕というアートは「技術に分解しにくい技能」なのである。ちょうど

それは，目下盛況の格闘技ビジネスで話題の「総合格闘技」技能と類似する部分が少なくない。総合格闘技同様，まさしく経営手腕は総合的技能概念なのであり，いきなり「○○とは？」論から迫っていっても迫り切れる概念ではない。総合（the general）概念とはそういう性格のものである。

3.2 「分析 → 総合」ではなく「総合 → 総合」方式

個別事例研究は，経営実践におけるトラブル・マップを感じ取りやすく，経営手腕をメタファーあるいはアナロジーのレベルでとらえやすい。経営手腕というアートは総合的技能概念ゆえに各種個別専門領域の混在とは次元を異にしたジャンルに属するアートで，一頃学界を席巻したインターディシプリナリー・アプローチですらも接近には臆する。総合格闘技において「立った状態では打撃，寝た状態では捕獲といった発想では打撃と捕獲の融合は困難で，どちらかに偏る。移る瞬間の技がないのである。」（大沼，1996：75-76 要約）といわれることから得られる知見などを参考に，経営教育学は相当工夫が必要である。

「何でもできる」というジェネラリストに限って実は「何もできない」ことがあるように，総合的技能バランスは，「一方が50％で，他方も50％」という発想とは相容れない（清水，1996：21 要約）。それまでの学者では太刀打ちできなかった経営手腕概念を見事に活写したバーナードでさえ他方では，「しかし，バーナードは組織の科学を志向して，統合『理論』を主張しながら，最後になって，つまり結論としては，『理論』としては何もいっていない，ということは知っておかねばならない。そもそも，理論的な統合原理というものはありえないのである。」（渡瀬，1989：239）とまでいわれるのが，経営手腕概念なのである。管理過程学派風に安易に「経営手腕＝計画・組織・調整・動機づけ・統制」などと概念規定すれば，「もし校長や市町村長で自分が責任を負うところのマネジメントの全領域について非のうちどころのない経営を行うことができる人がいたとしたら，その人は社長や頭取の職をも立派に務めることができるということになる」（山田・田幡・山田，

1993：12-13)。

　経営者研究で著名なミンツバーグ (H. Mintzberg) も経営手腕を10の役割 (① 対人役割：フィギュアヘッド・リーダーシップ・リエゾン，② 情報役割：モニター・散布者・スポークスマン，③ 決定役割：企業家・攪乱対処者・資源分配者・交渉者) に分類したものの，「それらは一つのゲシュタルト，すなわち統合された全体を形成する。どの役割を枠組みから切り離しても，職務は無傷でありえない。(中略) 二人または三人の人物が単一のマネジャーの地位を共有することは，彼らが一体となって行為しない限り，できない相談である。」(Mintzberg, 1989：21＝1991：31) としているのは当然である。

　「経営者のくせに…」「経営者なんだから…」とかいう「典型的経営者」像に基づく批判的コメントは，主に経営手腕の演繹的概念規定からくるものである。経営手腕のような技能への接近にはできる限りイシュー・オリエンティッドに，ありのままの姿に接していくことを積み重ねていくしかない。すなわち，「分析 → 総合」ではなくむしろ「総合 (感得) → 総合 (仮説概念化)」方式に徹することである。科学の定石たる「分析 → 総合」方式では，実践概念を導出するのは思いのほか困難である。「分析 → 総合」，つまり分解したものを再結合するという作業がスムーズに進まないのである (Bechtler, 1986＝1990：24)。何より経営学の学的体系の現状がまさにそうで，研究対象の専門化，細分化によって実証研究はしやすくなったが，全一的正確を有する経営そのものが逆に見えにくくなった。「『あれもこれも必要』方式の均衡論あるいは統合論の学問的価値は低い」(渡瀬，1981：329-330・353-354)，同感である。

　いきなり総合から迫る接近方式は"ツマミ食い"方式なだけに個別専門領域学会での受けは悪い。哲学志向の思弁的議論となることも予想される。アナロジーやメタファーで表現された経営観などとも重なろう。が，最重要なことは，「総合 → 総合」方式，哲学志向の思弁的議論，アナロジーやメタファーで表現された経営観などの経営手腕への迫り方をよしとする論拠を，経

営教育学がそれを構成する原理として確立することである。経営実践の成功は「管理（manage）」の結果であるよりも「何とかする（manage to）」の結果であることの方が多い。なんとなれば，実践的問題解決はまるで「10を3で割る」割り算のような世界だからである。個別格闘技よりも実戦の方が総合性が高いのはいうまでもないことだが，経営学者が「素人の質問」に時として怖さを感じるのは，「どうしたらいいか」の質問は個別専門領域を超越し総合性が高いためである。

経営実践において「一般的な解決策というものは，現実の場においては存在しない」（佐藤，1994：288）。ケース・メソッドなどの授業では最適解を求めんとする学習者が少なくないが，彼らは経営実践での解は全体情況適合的でなければならないことを理解していない。現実の問題解決は個別解によるとしかいいようがなく，コンティンジェンシー・パターンは無数に及ぶ。決断の無謬性（つまり事前の正しさ）など人知の及ぶところではなく，経営手腕としては，個別事例から「組織の病気」を感じ，組織の健康状態の追求よりも組織の病理（問題発生図式）[4]を理解することの方が「何をしないか」を見極めるナビゲーション機能としても有効である。

むすび

「経営教育」と「経営教育学」との概念的識別を強調した理論的仮説を提唱した（辻村，2006）ことに引き続き，経営教育学の学的体系の確立をめざして，本小論では，経営手腕という個別総合的な経営者アートに迫り得る立論形態の有効性を問うてきた。経営教育学の「序説」と題したのは，経営教育学派の経営学の創造に向かって，いまだ入り口の段階で，「『何を研究すべきか』の研究」についての理論的仮説を一貫して求め続けているからである。本学会にて活発な議論を誘発できれば幸甚である。

〈注〉
1) 意外なことに，巷間格闘技ブームのいま，「『格闘技とは，格闘のための手

段・技法を追究した徒手空拳の競技，またはそれに準じるものである。ゆえに，原則的に対人競技であり，<u>普遍的な技術体系と練習体系</u>を有するものでなければならない』。以上が私が規定する格闘技の定義だ。(中略) K-1 も PRIDE も普遍的な技術体系・練習体系を持たないという点で格闘技ではない。(中略) その意味で近年の『格闘技ブーム』は『格闘技イベントブーム』と呼ぶのが正しい。」(下線は筆者)(小島，2006：1326) という指摘などは，経営教育学派の経営学に参考となる)。

2) この点は，ケース・メソッドで採用するケース(個別事例)の種類とも深く関わる。「ケースの多くは，非人格的な3人称で書かれており，評価を含むような発言も，誰がそう言ったのかということが分からないままのものがしばしばあった。(中略) 問題も，しばしば，それが誰にとっての問題なのかを明確にすることなく述べられていた。問題に関する情報源が，その会社の一人の経営者だけというようなこともよくあった。」(Roethlisberger, 1977＝1993：125-126) といった問題点を考慮に入れる必要がある。事実(だけ)を集積した「リサーチ・ケース」(ハーバード・ビジネススクール型)はドラマティックではある。それに比して「ティーチング・ケース」はリサーチ・ケースをストーリー化の度合いを高めるべく偽装化する。それによって，ミッシング・リンクをもストーリー化し，リアリティの再構成がしやすくなると考えるからである。現実の組織は必ずしもありのままの姿でわれわれの前に現れるわけではないため，逆説的だが，偽装化することによって事実が真実に昇華し得ると考えるのである。偽装化の仕方次第でティーチング・ケースには失うものもあろうが，「盲点現象＝見えないことが見えなくなること」の回避を最大のねらいとしている。「映画の方が事実よりもっと泣けます！」といわれるデフォルメ効果である。かくして，ティーチング・ケースから導かれた概念(＝創造概念，≠平均概念)というものが経営教育学にはあってよい，と考える。たとえば，「財前五郎(小説『白い巨塔』の主人公)そっくりの医師」といったような使い方すらも許容したい。

3) これに関しては，(辻村，2002)に詳述されている。
4) ちなみに，(辻村，1994)はこうした意図のもとにまとめられたもので，参照されたい。

〈参考文献〉
日本語文献
石川淳志・佐藤健二・山田一成編著 (1998)『見えないものを見る力―社会調査という認識―』八千代出版

遠田雄志（1997）『私，あいまい系です―"反常識"の経営学―』同朋社
大沼孝次（1996）『格闘技とは何か』光栄
影山喜一（1976）『企業社会と人間』日本経済新聞社
川端久夫編著（1995）『組織論の現代的主張』中央経済社
北野利信（1996）『経営学原論―新しい価値体系の創造―』東洋経済新報社
小島一志（2006）「陰り見せ始めた格闘ショー」『現代用語の基礎知識2006』自由国民社
坂井正廣（1993）「レスリスバーガーとケース・メソッド」『青山経営論集』第28巻第1号，pp. 125-146。
堺屋太一（1993）『組織の盛衰―何が企業の命運を決めるのか―』PHP研究所
佐藤允一（1994）『実践経営学』中央経済社
佐藤孝一（2003）『博士・修士・卒業論文の書き方』同文舘
清水龍瑩（1996）『社長業の鉄則（第6版）』日本経営合理化協会
田尾雅夫・佐々木利廣・若林直樹編著（2005）『はじめて経営学を学ぶ』ナカニシヤ出版
高瀬浄（1994）『知軸の変換―近代合理主義と東洋思想―』日本経済評論社
竹内薫（2006）『99.9％は仮説―思いこみで判断しないための考え方―』光文社
辻村宏和（1994）『組織のトラブル発生図式―問題分析志向の経営組織論―』成文堂
辻村宏和（2001）『経営者育成の理論的基盤―経営技能の習得とケース・メソッド―』文眞堂
辻村宏和（2002）「経営技能の特性を前提としたケース・メソッド―『共感的学習法』に見る客観に対する主観の優位性―」日本経営教育学会編『経営教育研究5―新企業体制と経営者育成』学文社，pp. 1-16。
辻村宏和（2006）「経営教育学の確立をめざして―山城テーゼ『経営学は経営教育である』の進化―」日本経営教育学会25周年記念編纂委員会編『経営教育事典』学文社，pp. 175-177
辻村宏和・坂井正廣（2000）「フリッツ・レスリスバーガー研究の基礎：『効率と協働行為』（1949年）の翻訳と解題を中心として」『経営情報学部論集（中部大学）』第14巻・第Ⅰ-2号，pp. 53-104
東渕則之（2006）『経営統計学のマネジメント的研究―経営データ解析への展開―』千倉書房
西尾幹二（2001）『歴史と科学―日本史を歩く―』PHP研究所
西田耕三（1980）『1980・経営学者の考察』白桃書房
野田信夫（1967）『新版　経営学』ダイヤモンド社

堀米庸三（1964）『歴史をみる眼』日本放送出版協会
三戸公（1994）『随伴的結果―管理革命―』文眞堂
松下幸之助（1993）『松下幸之助　経営語録』PHP研究所
藻利重隆（1976）『労務管理の経営学（第二増補版）』千倉書房
山田雄一・田幡二三夫・山田真茂留（1993）『〈講座・校長学第2巻〉校長の心理学』ぎょうせい
渡瀬浩（1981）『権力統制と合意形成―組織の一般理論―』同文館
渡瀬浩（1989）『日本の組織』晃洋書房

外国語文献

Andrews, K. R. (1968) "Introduction to the 30th Anniversary Edition", in Barnard, *The Functions of the Executive*, pp. vi-xviii.（山本安次郎・田杉競・飯野春樹訳（1968）「30周年記念版への序言」山本・田杉・飯野『新訳　経営者の役割』, pp. 13-32）

Barnard, C. I. (1938) *The Functions of the Executive*, Harvard Univ. Press.（山本安次郎・田杉競・飯野春樹訳（1968）『新訳　経営者の役割』ダイヤモンド社）

Barnard, C. I. (1948) *Organization and Management : Selected Papers*, Harvard Univ. Press.（飯野春樹監訳，日本バーナード協会訳（1990）『組織と管理』文眞堂）

Barnard, C. I., 山本安次郎・田杉競・飯野春樹訳（1968）「日本語版への序文」, 山本安次郎・田杉競・飯野春樹訳『新訳　経営者の役割』pp. 33-36

Bechtler, T. W. (eds) (1986) *Management und Intuition*, verlag moderne industrie.（川崎晴久訳（1990）『マネジメントと直観』東洋経済新報社）

Block, A. (1990) *The Complete Murphy's Law* (Revised ed.), Price Stern Sloan Inc.（倉骨彰訳（1993）『マーフィーの法則』アスキー）

Drucker, P. F. (1954) *The Practice of Management*, Harper & Brothers Publishers.（現代経営研究会訳（1965）『現代の経営（下）』ダイヤモンド社）

Drucker, P. F. (1974) *Management : Tasks, Responsibilities, Practices*, William Heinemann Ltd.（野田一夫・村上恒夫監訳（1974）『マネジメント（上）―課題・責任・実践―』ダイヤモンド社）

Levitt, T. (1991) *Thinking About Management*, The Free Press.（熊沢孝訳（1998）『レビット教授の有能な経営者―欠くべからざる「三つの仕事」の視点から―』ダイヤモンド社）

March, J. G. and H. A. Simon (1958) *Organizations*, John Wiley & Sons.（土屋守章訳（1977）『オーガニゼーションズ』ダイヤモンド社）

Mintzberg, H. (1973) *The Nature of Managerial Work*, Prentice-Hall.（奥村哲史・須貝栄訳（1993）『マネジャーの仕事』白桃書房）

Mintzberg, H. (1989) *Mintzberg on Management : Inside Our Strange World of Organizations*, The Free Press.（北野利信訳（1991）『人間感覚のマネジメント―行き過ぎた合理主義への抗議―』ダイヤモンド社）

O' Brien, V. (1996) *The Fast Forward MBA in Business*, John Wiley & Sons.（奥村博監訳・吉川明希訳（1996）『MBAの経営』日本経済新聞社）

Roethlisberger, F. J. (1968) *Man-in-Organization : Essays of F. J. Roethlisberger*, Cambridge, Mass.: The Belknup Press of Harvard University Press, pp. 95-108

Roethlisberger, F. J. (1977) *The Elusive Phenomena : An Autobiographical Account of My Work in the Field of Organizational Behavior at the Harvard Business School*, Harvard Univ. Press.

Weick, K. E. (1979) *The Social Psychology of Organizing*, 2 nd ed., McGraw-Hill Companies.（遠田雄志訳（1997）『組織化の社会心理学［第2版］』文眞堂）

Weber, M. (1922) "Sociologische Grundbegriffe", Weber, *Wirtschaft und Gesellschaft*, Tübingen: J. C. B. Mohr.（清水幾太郎訳（1972）『社会学の根本概念』岩波書店）

8　組織における道徳的罠

中村　秋生

キーワード
道徳的罠　　グレイゾーン　　道徳的ジレンマ　　組織忠誠心　　報酬と制裁

はじめに

　現代組織の主要な問題の一つに，組織における道徳の問題をあげることができる。組織備品の私物化といった小事から社会問題となるような大事に至るまで，組織はさまざまな道徳的問題を内包している。それらの問題は，社会を不安に陥れ，個人の尊厳をいちじるしく傷つけるなど，時として計り知れないほどの大きな影響をもたらす。しかし，一方では，組織における道徳的問題は社会と個人に重大な影響を及ぼすが故に，道徳的問題の根底にある道徳的要因は組織の存続に関しての戦略的要因になるとも言えよう[1]。かつて飯野春樹は，バーナードが主著において組織存続の条件として明示した有効性と能率に，さらに道徳性を加えた。そして，それら各条件の重要性は時代の要請に応じて移転するとしたうえで，道徳性の重要性を主張した（飯野，1992：85-99）。

　組織存続の条件としてこの道徳性に焦点をあてて考察する場合，3通りの

方向があるように思える。一つは，組織が目指すべき道徳性の中身の論議。言わば，ビジネス倫理学に依拠した規範論的なアプローチである。二つ目は，道徳的問題の解決を目指し，有効な企業倫理の制度化の是非やあり方を巡る政策論的なアプローチ。三つ目は，組織におけるいかなる要因がどのように作用しているのかを記述，解明する論議。言わば，組織行動論的なアプローチである。本稿は，3番目の方向において考察を進める。政策論的アプローチは，必要であるとは思うが，いきなりそこにアクセスするのは尚早に思える。また，私は経営学プロパーであることと，企業の人事部における約19年間の実務を通しての経験的認識を有することから，三つ目の方法が有効であると考えた次第である。

したがって，今回は，組織における道徳的問題は組織におけるいかなる人間にいかなる要因が作用して起こるのかという根本的な問いに対する考察を試みたいと思う。その際，後に詳述するが，組織において経験的に実在していると認識し得る種々の道徳的罠を提示し，それらを分析の枠組として論を進めていくこととする。

1　論議の前提

ここでは，本論に入る前に大別して2点程，前提事項を述べておく。一つは，今回の論稿の中心的概念である「道徳」をめぐっての用語法の確認。そして二つ目は，組織における道徳的問題についての私自身の基本的な姿勢に関わるものである。

1.1　道徳と倫理：用語法の確認

鈴木辰治は，道徳は現に存在する「持続的な行為準則や規範の体系」であり，倫理は「道徳の歴史的・社会的・状況的な『正当性』を検証するための原理的な考察を行う『道徳哲学』である」とする（鈴木, 1996：56）。つまり，倫理は，現に機能している道徳の社会的正当性の根拠を問うものである。このように，鈴木においては両者の概念を明確に区別するが故に，「現

在の道徳が社会的観点からみてまったく正当であるならば，何ら問題はない。正当性の是非が問題になったり，新しい道徳の創造が必要になった場合には，その正当性に関して積極的に価値判断をし，道徳の基礎となる『原理』を明らかにし，道徳の社会的正当性を方法的に根拠づける『原理思考的道徳論』（道徳哲学），つまり『倫理』が重要な問題となる」といった考察を可能にする（鈴木，2000：73）。こうした概念上の区別は，論議をより厳格なものにすることはもとより，グローバル化が進展し，より普遍的な価値基準が必要とされる今日のビジネス状況においても有意義であるといえよう。しかし，一方では，両者をほぼ同義として用いるか，あるいは別個の概念であるとしながらも特に区別しないで用いる場合も多い（Carroll, 1999：145；小林，2000：137, 163；宮坂，1995：1）。本稿においては，以下の理由から私も両者を区別して用いることはしない。

　鈴木の述べるように，われわれにとって現行の道徳を疑い，問い直すことは必要であるかもしれない。しかし，私は，今ここでそうしたことを論じようとは思わない。本研究の意図にも鑑み，いかなる価値が正当であり，何が善で何が悪なのかといった行為準則の内容よりも，個人の行為を規制するという機能面に焦点をあてたいと考えるからである。また，そうすることによって，考察の範囲を現行の道徳に限定したとしても，問題の提起が可能であると思えるからである。それ故，ここでは，道徳の社会的正当性を所与として捉え，道徳という語を優先的に用いることにする[2]。そうした用語法に従えば，道徳的行為とは倫理的に正しい行為を意味し，反道徳的行為とは倫理的に正しくない行為を意味する。

　上述のように，道徳の内容面よりも機能面に注目する場合，道徳とは鈴木の述べるように「個人の意識や意志に働きかける内的規範」を意味し（鈴木 1996：3），道徳をより厳密に定義するとすれば次のバーナードによる定義は明快である（Barnard, 1938：261＝1968：272）。

　　道徳とは個人における人格的諸力，すなわち個人に内在する一般的，安

定的な性向であって，かかる性向と一致しない直接的，特殊的な欲望，衝動，あるいは関心はこれを禁止，統制，あるいは修正し，それと一致するものはこれを強化する傾向をもつものである。

これらの内的諸力，一般的性向は，「積極的あるいは消極的な指示からなる私的な行動準則であると解するのが便利」であるから（*ibid*.: 262＝同上書: 273），私もバーナードにならってそのように捉えるものとする。

1.2　善良なる人の悪行：問題の視座
（1）　悪行を行う人の素顔
組織内で反道徳的行為つまり悪行を行う人は悪人ではないという前提から論議を始める。「企業の悪行の殆どは，意識的に反倫理的行為を犯そうとしたわけではない人々によってなされている」という指摘もあるように（Nash, 1990: 11＝1992: 15），彼らの普段の顔は全くの悪人や忌むべき犯罪者などではなく，普通の善良なる人々であると考えてよい。しかし，残念なことにわれわれは，「善良なる意志があるからといって，悪行から自動的に免疫となっているとは限らない。道徳的本能は，敵対的で複雑な状況下で常に保持できるほど頑強なものではない」のである（*ibid*.: xii＝同上書: xiii）。そうした敵対的で複雑な状況は組織において顕著であるから，そこにおいて善良なる人が常に自身の良心を守りきれる保証はないということにわれわれは留意すべきである。

（2）　消えないインク
道徳は当事者の人格，良心に深く関わるが故に，道徳的不祥事によって処罰された場合，精神的にも社会的にも当事者の修復はしばしば困難なものとなる。また，発覚しなかったとしても良心的な人であれば罪の重荷を一生背負うことになる恐れが生じ，時として本人の人格的破綻をもたらす場合もあり得る。たとえば，アギュラーは「不幸にも，倫理的間違いは，経済的間違

いほど簡単に取り消すことはできない。100万ドルの事業損失は100万ドルの利益によって帳消しにされる。詐欺でつかまった人間や会社は，たとえ次の時に真実を語っても，釈放されないだろう。倫理的失敗の記録は消えないインクで書かれがちなのである」と述べている（Aguilar, 1994：27＝1997：41）。この「消えないインクで書かれる」という言葉は，道徳的問題にともなう深刻さを如実に物語っていると私には思える。

（3） 悪行抑制の意味

組織は，自己の存続のためにも社会的使命においても悪行を断固として阻止しようとする。さらに視点を組織における個人に移すと，組織は「人間の尊厳」を守るためにも悪行の発生を抑制しなければならない。組織が真に人を財産とするならば，善良なる人々が何かの弾みで一線を踏み越え窮地に陥ることのないよう，彼らを守ることも組織を率いる経営者に負わされた重大な課題である，と私は主張したい。センチメンタル過ぎるという声が聞こえてきそうだが，個人を守ることは組織の存続にとっても意味があると思える。何故なら，組織における道徳的意思決定の主体は結局は個人であるという立場に立てば，健全で適切な個人の意思決定は必然的に組織の存続に寄与すると考えられるからである。さらに健全な個人によって道徳的に機能する組織は，全体社会の福祉にも貢献し得ると考えることもできよう。

2　組織における道徳的罠

組織において日常われわれが実感するように，普段善良な人々が何故一線を踏み越えてしまうのだろうか。前述したように敵対的で複雑な状況が人々を悪行へと導くのだろうか。組織における敵対的で複雑な状況とはいかなる状況なのだろうか。善良なる人々を悪行へと導く要因は他にもあるのだろうか。以上の問いはいずれも組織において人々を反道徳的行為へと陥れる要因に関わっている。こうした組織的要因をここでは道徳的罠と呼ぼう[3]。この道徳的罠に捕えられると，個人に内在する道徳の機能，つまり内的抑制力は低

下もしくは停止することになると思われる。

　組織には，善良なる人々に一線を踏み越えさせ，窮地へと追い込む危険な道徳的罠が潜んでいる。私の認識する組織における主たる道徳的罠は，無自覚の罠，グレイゾーンの罠，道徳的ジレンマの罠，組織忠誠心の罠，誘惑とプレッシャーの罠，手段の罠の6つである。以下順に詳述する。

2.1　無自覚の罠

　われわれは，時として自己の直面している状況が道徳的判断を必要としていることに気づかないために，自己の選択した行為が自己の意図とは無関係に，結果として反道徳的行為になってしまう場合がある。無自覚の罠を理解するうえで，以下のケースは参考になろう（Trevino & Nelson, 1999：101）。

　　あなたは，金融関係の会社で新しい仕事をちょうど始めたところである。ある日の午後，あなたの上司は子供のソフトボールの試合に参加するため早めに退社しなければならないので，今日中に彼のボスに渡さなければならない重要な小切手の署名をあなたに依頼してきた。ただ彼の名前を書いてその小切手を彼のボスに回すだけの仕事だから，頼みをきいてくれと彼はあなたに言う。

　この上司の要求は部下を文書偽造という反道徳的行為に加担させるものである。しかもこの場合は金融関係の会社であるから，より問題は重大であるといえよう。しかし，経験や知識のあまりない者にとっては，自分が道徳的問題に直面しているという認識すらなく，この要求はたいしたことではないように思えるかもしれない。こうして，善良なる個人はいつのまにか反道徳的行為を犯してしまうのである。

2.2　グレイゾーンの罠

　先ほどとは異なり，道徳的状況に直面しているという自覚がある場合，行

為の選択に際し，道徳的判断がなされる。しかし，善悪の区分はそう簡単なことではない。何故なら，道徳的状況はしばしば白黒のはっきりしない曖昧な灰色領域を多く含んでいるからである。たとえば，賄賂の問題を考えてみる場合，取引相手にコーヒーを一杯奢るといった行為は特に問題はないが，現金 100 万円を供与するとなるとその行為は賄賂にあたると誰しも判断するであろう。しかし，その両者の間にはさまざまな行為が介在する。たとえば昼食，夕食であったらどうなるのか。ゴルフ，温泉旅行，あるいは商品券の供与の場合はどうなるのか等々（Ewing, 1990：247＝1993：370 の例示をアレンジした）。このように，われわれは白黒をいつも明快に区分できるとは限らない。

　組織においてわれわれが直面する状況には，ナッシュが指摘するように「離れてみると明らかに間違っているように思えるが，正義と悪との境界がはっきりしない環境状況や他の事柄とぴったり溶け込んでしまうような状況も存在する」といったあいまいさが含まれているのである（Nash, 1990：10＝1992：13）。組織において，個人は組織におけるこうしたあいまいな状況の認識，あるいは判断の誤りから，つまり白黒の境界線の線引きを間違えれば，結果として一線を越えてしまう危険が常に存在するといえよう。

2.3　道徳的ジレンマの罠

　個人に影響を与える内面化された道徳は複数あり，個人が直面する道徳的状況はしばしば複雑なものになる。それ故，個人は時としてどの道徳に従えばよいのか重大なジレンマに陥る，ということが容易に想像される。たとえば，次のケースをみてみよう（*ibid.*：11＝同上書：14-15）。

　　顧客に肉体的に怪我をさせるようなことはないが，顧客に時間と金を確実に浪費させるような，欠陥の疑いのある製品を，あなたが担当しているとしよう。あなたは，一方で時間のかかるテストを行い，調整を行いながら，その製品の導入を延期するかどうか，そしてどれくらい延期するのか

を決定しなければならないとしよう。そうこうするうちに，会社があなたの部の四半期の厳格な販売目標を設定してくるし，市場は冷え込んでいる上に反倫理的な競争者がいる。あなたの抱えるスタッフは少人数で，さらに投資家たちがあなたのボスの背後で目を光らせている。

少なくともこのケースのあなたは，顧客，株主，ボス，部下，組織，家族に対して義務を負っていると考えられる。そして，その義務遂行に際し，道徳的判断が求められることになる。

人間の認知能力には限界があるから，すべての対象に対して正しい道徳的判断を下すのは困難である。当人の行う判断は，ある対象に対しては道徳的であり得るが，ある対象に対しては反道徳的になる場合がある。したがって，次善の策は当該社会においてより倫理性（社会的正当性）の高い道徳を選択することであり，そうすることによって利害関係者や自分を納得させるしかない。しかし，その場合においても個人が道徳の優先順序を合理的に選択し得る保障はないから，結果としてそうした意思決定や行為が反道徳的となることがあり得るのである。

2.4 組織忠誠心の罠

組織忠誠心とは，一般に「組織を維持しようとする積極的な心理的態度」であると言われる（神戸大学大学院経営学研究室，1989：597）。そうした組織忠誠心を強く抱く個人は，サイモンの言うように組織とまさに一体化しており，組織の意思決定を支配する価値指標として，自分自身の目的に代えて組織の目的をとるようになると考えられる（Simon, 1997：295）。

組織忠誠心が個人に内面化する過程は，個人が当該組織に長く関わる内に自然発生する場合と組織の意図的な努力による場合とがあるが，通常はその双方によるものである。前者は，個人は当該組織に参加することを通して自己の欲求を充足し得るため，当該組織に価値を置きその存続を強く願うようになることから生じるものである。後者は，個人的な利害や関心により組織

から遊離しようとする傾向のある個人を，組織にとって有利な方向へと仕向けるために，教育訓練やリーダーシップによって意図的に創り出されるものである。

組織忠誠心は，強制や報酬といった外的刺激に頼らず，自動的に，組織の目的にかなった意思決定をするよう，内面から強力な影響を及ぼす（*ibid.*: 278）。それ故，一般的に組織は，組織忠誠心を技術的な観点から意図的に構成員に植え付けようとするのである。しかしながら，こうした組織忠誠心が常に健全に作用するとは限らない，というところに問題が生じる。道徳性を省みずに暴走し，反道徳的行為の引き金になる場合も少なくない。ユーイングはいみじくも，「良心と共に働く忠誠心は，組織における個人だけではなく，より大きな社会における組織にとっても，正に賞賛に値する人間の資質である。しかし，ひとたびその二つが（つまり良心と組織忠誠心が…引用者による）分離してしまうと，われわれは皆，ひどいめにあわされることになる」と述べている（Ewing, 1983: 174）。

良心と分離した盲目的ともいえる組織忠誠心を抱く個人は，組織の目的や要請が反道徳的なものであっても実行し得る。「組織のために」という大義名分を潜在的にも顕在的にも掲げ，組織忠誠心は支配的な道徳準則として他の道徳を排除してしまう。つまり，正義，公正，誠実，配慮といったことを守るよりも，あるいはそれらを犯すことになっても個人は組織に忠誠をつくそうとするのである。

個人は，組織との一体化が強まることによって（組織忠誠心が盲目化してくると）個人人格を放棄し，組織人格によって強く支配されてくる。まさに，ミルグラムが言うところの代理状態，つまり組織に入った「個人が自分自身を他人（組織…引用者による）の要望を遂行する代理人と見なしている状態」に置かれると言ってよい（Milgram, 1974: 133＝1980: 178-179）。そうなると，「それまでの彼とは違った何者かになり，彼の通常の人柄からはたやすくうかがわれ得ない新しい特性をもつ」ようになるとミルグラムは言う（*ibid.*: 143＝同上書: 190）。この意味するところは，一個人であれば行わな

いことも組織の一員としての役割を付与されれば行う可能性が高くなる，ということである。軍隊における兵士は人を殺し，企業における営業マンは営業予算を達成するために不正や嘘も厭わなくなるという事態が生じるのである。そうなると，人は道徳的ジレンマを超越し，もう悩まない。迷わず悪行に邁進する場合もあり得るといえよう。

2.5 誘惑とプレッシャーの罠

組織忠誠心が，前述したように組織を維持しようとする積極的な心理的態度であるとすれば，それを抱く個人は組織維持のために組織目的達成へと猛進するであろう。その際，組織の一般目的は所与とされ，数値目標が組織目的にしばしば取って代わられる。何故なら，組織の一般目的は抽象度が高く，それだけでは具体的な行動指針にはなりえないので，組織は共通の価値指標として明快で評価可能な数値目標を必要とすると考えられるからである。そうして設定された数値目標を達成することが，忠誠心の証とされる。ところが，組織はしばしば達成が極めて困難な数値目標を個人に負わせる。忠誠心を抱く個人は内発的に動機付けられているが，度重なる困難な数値目標は個人の意欲を減退させる。そのため，組織は個人を動機付けるために，結局目標の達成度合いに応じて，報酬と制裁という外的刺激を用いることになる。特に企業組織において，その傾向は顕著である。

報酬体系を構成する誘因の種類にはさまざまある。バーナードの例に従えば，それらは物質的誘因，個人的で非物質的な機会，好ましい物的作業条件，理想の恩恵，社会結合上の魅力，情況の慣習的なやり方と態度への適合，広い参加の機会，心的交流の状態に分類される（Barnard, 1938: 142-148＝1968: 148-154）。貢献意欲ではなく反道徳的行為の観点からこれらの誘因をとらえると，金銭を主とする物質的誘因と支配的地位を主とする非物質的誘因が最も留意すべき誘因であるといえよう。それらは，組織において最も制約されている誘因であると同時に，それらを直接受け取る当人だけではなく当人が強く価値を置く家族の生活や感情にも大きく影響を及ぼすものだ

からである。また，報酬体系は本人にプラスに作用する正の報酬と本人にマイナスに作用する負の報酬によって構成される。後者は，減給，降格，降職，左遷，解雇などを含み，制裁あるいはペナルティを意味する。報酬と制裁，それらにともなう誘惑やプレッシャーは時として個人の反道徳的行為を強く動機付けることになる。過剰な報酬や報酬格差，厳格すぎる制裁，数値目標を主体とする短期的評価・結果偏重の評価といった条件が加わることによって，反道徳的行為を促進する傾向は強化される（Gellerman, 1992: 269-271＝1994: 260-263）。巨額のボーナスや歩合，異例の昇進がかかっている。自分の地位や首がかかっている。個人がこうした大きな誘惑やプレッシャーに直面した場合，当人の道徳的本能は重大な試練に立たされ，一線を踏み越えてしまう危険性はいやおうなしに増加される。

2.6 手段の罠

組織は組織存続の指標である数値目標を重視するあまり，目標達成の手段やプロセスを軽視もしくは無視する傾向がある。トレビノ等の言うような「君がどうやろうと気にしない。とにかくやってくれ」「君のやり方に私は関知するつもりはない。とにかく成果をあげてくれ」（Trevino & Nelson, 1999: 152-153），という上司の言葉がすぐにでも聞こえてきそうである。また，アギュラーは「来期の財務的成果を上げるためのプレッシャーが強くなるにつれて上級管理者は好ましい成果を上げるためにますます部下に頼るようになる。そしてそれをどのように部下が達成したかについて疑問を示さなく」なってくると言う（Aguilar, 1994: 6＝1997: 7）。

手段において道徳遵守が強調されると，使用し得る手段が制約され競争上不利になる。他社（者）が反道徳的手段を用いているならなおさらである。手段の道徳性などを気にかけていたら，競争に負けてしまうかもしれない。こうした状況を背景にして，組織においては実際に実績を上げていれば反道徳的行為は不問にされる。さらには，反道徳的行為によって成果を上げた者が評価され，昇進していく。個々人がこうした事実を繰り返し観察し，経験

することによって，反道徳的行為は組織において支持され，定着していく。そこには，反道徳的行為を許容し，助長するような組織文化が生成されることになる。一旦そのような組織文化が生成されるならば，個人の反道徳的行為は強力に動機づけられ，さらにその組織文化は強化される。このような反道徳的行為の悪循環が繰り返され，組織の道徳性は低下の一途を辿ることが予想される。

むすび：今後の課題

多様な道徳的問題を内包する昨今の組織の現状をみるにつけ，組織におけるマネジメントには組織構成員の合理性と貢献意欲の確保だけではなく，道徳性の確保も同等かそれ以上に必要とされていることに気付かされる。しかし，すでに考察してきたとおり，組織には種々の道徳的罠が潜み，善良なる個人の道徳性にさまざまな影響を及ぼしている。経営者・管理者は，まず自らが自己防御のためにそうした罠を自覚し，また善良なる部下を罠から守るように十分な配慮をすることが求められる。

今回の考察は，今後の論議のための素材の提供を試みた。今後それらを基に，道徳性を確保するためのマネジメントのあり方についての論議が求められるであろう。そうした論議の方向の中には，道徳的問題を経営者・管理者個々人のリーダーシップに帰するだけではなく，企業倫理の制度化の問題も含まれることになる。高巖は，「企業が何らかの不正に関わるとすれば，それは基本的に『システムや制度』の問題だと私は考えています。企業で働く人はほとんどが善良な人間です。その善良な人間が無責任な行動をとってしまうのは，結局のところ，組織の中に公正な行動を支援する仕組み，つまり有効な倫理法令遵守マネジメント・システムがないからだと思います」と述べている（高，2000：64）。

企業倫理の制度化の主要な手法としては，企業倫理担当常設機関の設置，倫理綱領または行動憲章の制定・遵守，倫理教育・訓練体系の設定・実施，倫理関係相談への即時対応，内部告発の受容と問題解決の保証，倫理問題担

当専任役員の選任などが挙げられる（中村，1998：178）。これらの手法は相互補完的に関係し合って機能するものであると認識し得るが，それらすべてにわたって同時的に論究していくことは私にとっては極めて至難である。それ故，目下のところ，私自身の研究領域である「経営教育」の問題との関連において今後論議を進めて行きたいと考えている。経営倫理教育とはいかなる意図をもって，何を，どのように行うものなのか，あるいは行うべきものなのか。この教育のあり方は，企業と大学では異なるのか。この教育は，今回論議した6つの道徳的罠に対処するうえで，どこまで有効なのか。以上の実践的な問いに答えることは，経営倫理教育によって道徳的罠から自らを防御し，部下をそうした罠から守れる経営者・管理者の養成が可能かどうかの論議へと繋がっていくものである。

〈注〉
1) 戦略的要因は以下のバーナードの用語法に従っている（Barnard, 1938：202-205＝1968, 211-215)。
2) ただし，日常語として道徳と倫理という語は区別されずに用いられ，またビジネスにおいて企業倫理，倫理方針，倫理綱領等むしろ倫理という語の方が多く用いられているのが実情である。
3) この「道徳的罠」という言葉は，アカデミックタームではないが，組織においては誰でも一線を越えてしまう危険が潜んでいることの経験的認識を表す語として，フィットすると思い今回使用することとした。われわれは，その言葉を専門的な意味で使うわけではないのでそれを特に定義せずに用いた。

〈参考文献〉
日本語文献
飯野春樹（1992）『バーナード組織論研究』文眞堂
神戸大学大学院経営学研究室編（1989）『経営学大辞典　第2版』中央経済社
小林俊治（2000）『経営環境論の研究（普及版）』成文堂
鈴木辰治（1996）『企業倫理・文化と経営政策―社会的責任遂行の方法―』文眞堂
鈴木辰治（2000）「ドイツにおける企業倫理論」鈴木辰治・角野信夫編『企業倫

理の経営学』ミネルヴァ書房
高　巖（2000）『企業倫理のすすめ―ECS 2000 と倫理法令遵守の仕組―』麗澤大学出版会
中村瑞穂（1998）「企業倫理と日本企業」『明大商学論叢』（明治大学商学研究所）第 80 巻・第 3・4 号
宮坂純一（1995）『現代企業のモラル行動―アメリカのモラル改革運動の批判的検討―』千倉書房

英語文献

Aguilar, Francis J. (1994) *Managing Corporate Ethics : Learning from America's Ethical Companies How to Supercharge Business Performance*, Oxford Univ. Press.（水谷雅一監訳，高橋浩夫・大山泰一郎訳（1997）『企業の経営倫理と成長戦略』産能大学出版部）

Barnard, Chester I. (1938) *The Functions of the Executive*, Harvard Univ. Press.（山本安次郎・田杉　競・飯野春樹訳（1968）『新訳　経営者の役割』ダイヤモンド社）

Carroll, Archie B. (1999) "Ethics in management," in Frederic, Robert E., ed., *A Companion to Business Ethics*, Blackwell Publishers.

Ewing, David W. (1983) "Do It My Way or You're Fired !", *Employee Rights and the Changing Role of Management Prerogatives*, John Wiley.

Ewing, David W. (1990) *Inside the Harvard Business School : Strategies and Lessons of America's Leading School of Business*, Random House.（茂木賢三郎訳（1993）『ハーバード・ビジネス・スクールの経営教育』TBS ブリタニカ）

Gellerman, Saul W. (1992) *Motivation in the Real World : the Art of Getting Extra Effort from Everyone―including yourself*, Dutton.（木下　敏訳（1994）『新しい動機づけの経営』産能大学出版部）

Milgram, S. (1974) *Obedience to Authority : An Experimental View*, Harpar & Row.（岸田　秀訳（1980）『服従の心理―アイヒマン実験―』河出書房新社）

Nash, Laura L. (1990) *Good Intentions Aside : A Manager's Guide to Resolving Ethical Problems*, Harvard Business School Press.（小林俊治・山口善昭訳（1992）『アメリカの企業倫理―企業行動基準の再構築―』日本生産性本部）

Simon, Herbert A. (1997) *Administrative Behavior : A Study of Decision Making Process in Administrative Organization*, fourth ed., The Free Press.

Trevino, Linda K. and Katherine A. Nelson (1999) *Managing Business*

Ethics : Straight Talk about How to do it right, second ed., John Wiley & Sons.

9 コンピュータ産業における組織間関係の維持に関する研究[1]

澤井 雅明

キーワード
組織間関係　ソリューション・ビジネス　環境不確実性　情報処理

はじめに

　本研究の目的は，コンピュータ産業における組織間関係維持について検討するために，先行研究をレビューするとともに，ソリューション・ビジネスの事例研究を行うことによって，ソリューション・ビジネスが組織間関係維持にもたらす有効性についての検討を行うこと，そして今後のさらなる実証研究に向けた分析フレームワークを提示することである[2]。

　現在多くの組織でコンピュータが導入されているが，その利用についてのコンセプト，用途，そして技術も急激な速さで進歩し変化している。そのような状況の中で，売り手組織（以下：売り手）は絶えずコンピュータの入れ替えを提案し，受注を得ていこうとしているが，変化が激しく環境不確実性の高いコンピュータ産業において，長年取引のある既売り手から新たな売り手への切り替え事例が多々発生している。このことは，売り手は買い手組織

(以下：買い手)との関係を維持し続けるための施策の検討が必要なことを示唆している。

そのような状況下において，コンピュータの売り手は，売り上げ拡大とともに，既買い手への新たな価値提供に向けてソリューション・ビジネスに取り組んでいる。ソリューション・ビジネスとは，旧態依然のコンピュータハードウェア，ソフトウェアの製品販売ではなく，「顧客の経営課題をITと付加サービスを通じて解決するビジネス技法[3]」であり，変化が激しいコンピュータ産業の現状からしても，既買い手との関係維持に有効的な施策ではないかと考えられる。

しかし，昨今の売り手各社の取り組みからは，ハードウェア，ソフトウェアに加え，ソリューション・ビジネスと称したサービス，受託作業等による受注規模の拡大を目指す内容が強調され，実際に既買い手との関係性維持に有効的であるかどうかの検討や，今後の分析に向けたフレームワークについてはあまり意識されてこなかった。そしてこの意識の欠如こそが，関係性の維持に努力がそそがれても，その効果が上がらない原因ではないかと考えられる。

以上の問題意識に基づいて，本稿は以下の4つのステップで論点を展開する。

① コンピュータ産業の変化と，ソリューション・ビジネスの現状についての調査を行い，組織間関係維持のパワー資源の変遷について検討する。

② 先行研究のレビューを行うとともに，それを基にした分析フレームワークを設定する。

③ パイロットスタディ的な事例研究で検証する。

④ 上記の結果を踏まえ，ソリューション・ビジネスが組織間関係維持に及ぼす有効性について検証するとともに，その結果から抽出された分析視座を基に今後のさらなる実証研究のための分析フレームワークを提示する。

1 コンピュータ産業における組織間関係維持のパワー資源の変遷

コンピュータはその起源から現在に至るまで,技術の発展に伴いその用途やコンセプトにおいても大きな変化を遂げてきた。その変化を概観すると図表1のようになる。

コンピュータは1940年代にその基本となる考え方が提唱されて以来,さまざまな技術開発が進み,1950年代以降は汎用機を中心とした利用が進んだ。巨大な汎用機によって集中処理する方式であり,MISという概念を中心に利用が推し進められた。汎用機と結びついたOSを基盤とするソフトウェアは,他のOSを基盤とするソフトウェアとのデータの互換性が無いクローズド・システム[4]の世界が形成された。このことにより,業界で初めてコンピュータを量産したメーカーであるIBMは,売り手として最大のシェアを獲得する[5]。他のメーカーとの互換性の無い汎用機を導入すると,他社の汎用機への切り替えは非常に困難であるが故に,IBMの汎用機は自社のクローズド・システムの世界の中で,旧機種から新機種へのデータ互換性の保証をすることにより,買い手を囲い込むこととなった。

1970年代後半以降になると,PCが中心の時代が到来する。PCやUNIX

図表1 コンピュータ産業における環境変化

	汎用機の時代	PCの時代	インターネットの時代	ユビキタス社会の時代
時期	1950年代後半〜	1970年代後半〜	1990年代後半〜	
処理方式	集中方式	分散方式	集中/分散方式	
主導概念	MIS	DSS OA SIS EUC	ERP SCM CRM KM	

出所) 島田,遠山(2003)の図に筆者にて加筆

図表 2　ソリューション・ビジネスとは

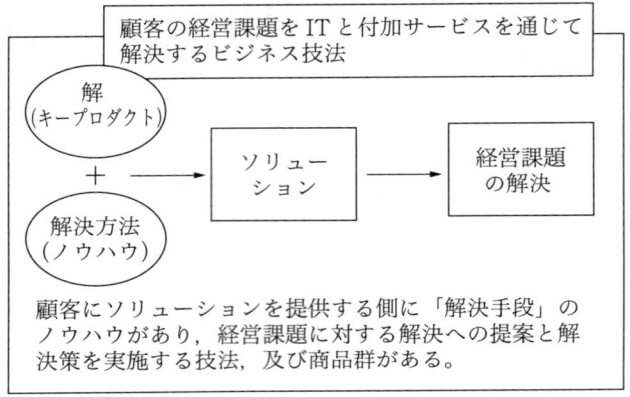

顧客の経営課題をITと付加サービスを通じて解決するビジネス技法

解
(キープロダクト)
＋
解決方法
(ノウハウ)
→ ソリューション → 経営課題の解決

顧客にソリューションを提供する側に「解決手段」のノウハウがあり，経営課題に対する解決への提案と解決策を実施する技法，及び商品群がある。

出所）　旧日本電子工業振興協会インターネットホームページ
http://www.jeita.or.jp/japanese/index.htm

におけるOSやその上で動くソフトウェアは，異機種間での接続やデータ交換を可能とする。この異機種間でのデータ互換や接続を可能とするOSが普及することによって，クローズド・システムの世界は崩壊し，オープン・システム[6]に基づく新しい競争の時代をもたらした。オープン・システムの到来により，買い手はクローズド・システムによる既売り手の囲い込みから解放され，買い手にとって最適なハードウェア，ソフトウェア構成を目指すことができるようになった。その反面，売り手にとってはクローズド・システムによる囲い込みが難しくなってきたため，買い手との組織間関係維持のため，新たなパワー資源を模索する必要性が発生した。

このような現状から，コンピュータ売り手各社は新たな販売技法としてのソリューション・ビジネスに取り組んでいる。ソリューション・ビジネスとは，旧日本電子工業振興協会によると，「ITと付加サービスを通じて解決するビジネス技法」とされている。その前提としては，「顧客にソリューションを提供する側に解決手段のノウハウがあり，経営課題に対する解決への提案と解決策を実施する技法，及び商品群があること」があげられている（図

表2を参照)。

ソリューション・ビジネスは，1950年代にIBMが従来のビジネスであるコンピュータの製造，販売，設置とは別料金でプログラミングやデータ処理サービスを行うようになったのが，そのはじまりと言われている。その後，1980年代から90年代にかけて，ハードウェア・ビジネスの利益率が低下していった一方，PCの処理能力やネットワーク技術の向上などがソフトウェア・ビジネスの拡大をもたらした。そして企業が業務の外部委託を行うようになり，これがソリューション・ビジネスを生み出していったのである。そしてこのソリューション・ビジネスにはこれまでのクローズド・システムにおける売り手のパワー資源とは異なる，新たなパワー資源による買い手の囲い込みの効果が期待されている。

現在のコンピュータ売り手各社は，ソリューション・ビジネスの周知と推進のため，それぞれが独自のコンセプトを発表している。1996年にIBMが「e-business」を発表したのを皮切りに，IBM「e-business on demand」(2002)，日本電気「Dynamic Collaboration」(2003)，日立製作所「uVALUE」(2005)などがある。これら各社のコンセプトを概観すると，売り手群の製品，サービスにより，買い手の経営課題に対する解決策を提示することを主旨としているが，特に自社内外の資源とのネットワーク化や協働が重視されている。

2　先行研究のレビューと分析フレームワークの設定

組織間の依存関係においてPfeffer＝Salancik (1978) は，組織行動を理解するためには，組織がその環境における他の社会的行為者といかなる関係を持っているかを理解しなければならず，組織は他者の要求に従うか，あるいは組織的行為に対する制約をつくり出す依存性を管理することを行うと指摘する。そして，組織内・間のコンフリクトや依存性に対応するパワー資源として，Stern (1977) は，報酬，制裁，情報と専門性，正当性，一体化の5つのパワー資源を提唱している。これについて石原 (1981) は，報酬と制裁の

パワー資源の有効性が高いのではないかとの見解を述べている。チャネルの構成組織間のパワー格差あるいは系列・支配の関係は，両者の依存的な状態に左右される。石原（1981）は，組織間の依存度を，具体的な測度，つまり製造業者にとっては販売業者への販売依存度，販売業者にとっては製造業者への仕入依存度でとらえようとした。チャネルのパワー構造が，市場取引関係の中で集約的に表現される販売依存度と仕入依存度によって決まってくるであろうという前提において，この依存度の概念は制裁のパワー資源に該当するであろうというのが石原（1981）の主張である。1950年代後半以降の汎用機の時代におけるIBMの買い手に対するパワー資源については，石原（1981）の考えに則ると，報酬（制裁）の要素が強いと考えられている。IBM製汎用機の買い手が，次もIBM製に入れ替えるのであれば，データ互換性の保証があるが，他社に切り替える場合はその保証は無い。汎用機切り替え時における既買い手からの依存度の高さは報酬（制裁）のパワー資源に該当するであろう。

　現在のコンピュータ産業では，クローズド・システムからオープン・システムへ移行していくにつれ，データの互換性による買い手からの依存度は急激に消滅している。また急激な技術の発展，変化等による環境不確実性の高まりによって，買い手のニーズも自明なものばかりではなくなり，買い手の情報要求が単なる製品情報から個々の組織，生活に関連した情報にシフトしてきた。このように環境不確実性が高く，その不確実性を吸収することがパワー構造を形成することになるという概念間の関係について石井（1983）は，パワー構造形成の問題を環境不確実性と不確実性吸収という枠組みに基づいて理解しようとすることは，環境から負荷される不確実性に対処することができなければ，リーダーとしての地位を確保できないということを意味していると指摘している。そしてこのような考え方の体系を「情報処理パラダイム」[7]と呼ぶことができ，このパラダイムを仮定することにより，環境—パワー資源（特に情報と専門性のパワー資源）—パワー構造，の関係についての特命命題を展開することが可能となるとしている。

さらに石井（1983）は，情報処理による対立制御の有効性を次のように述べている。相対的にすぐれた情報処理能力をもつ組織は，環境から大量に負荷される情報を処理することによって，環境が生み出す不確実性を吸収することができる。この能力は情報と専門性のパワー資源に該当する。相対的に高い情報処理能力をもつ組織は，システム環境から負荷される大量・多様の情報を処理し，その結果としてその環境を把握し解釈するための加工情報をつくりだすことができる。不確実性吸収のプロセスはそのような加工情報がそれを生み出した組織とそれ以外の組織とで交換されるプロセスに他ならない。加工情報がそのシステムの環境への適用に役に立つ情報であればあるほど，その情報を必要とする組織のための特別に加工された情報であればあるほど，その加工情報の代替的供給源は少なくなり，その情報を必要とする組織にとってそれは稀少なものとなり，高い経済的価値をもつものとなる。加工情報を受け取る組織は，加工情報の供給組織に依存（服従）することになる。すなわち両組織で加工情報と依存とが交換されるわけである。

本研究において焦点としているのは，コンピュータ産業における組織間取引を前提とした，組織間関係維持に向けたソリューション・ビジネスの有効性の検討と今後のさらなる実証研究に向けた分析フレームワークの提示である。現在のコンピュータ産業では，組織は組織に負荷される情報量と組織が保有する情報量の差を不確実性として認識し，情報探索と情報処理によってその不確実性を削減する。そして情報の負荷量と実際に行われる情報処理量とが適合的である場合に，最適な不確実性の削減が行われる（余田，2000）。事例を分析していく上で用いる分析フレームワークについては，上記先行研究に基づき，以下のように設定する。

環境から負荷される不確実性は，売り手の情報処理能力により加工情報として買い手に提供される。その加工情報が買い手の役に立つ情報であればあるほど，その加工情報は高い経済的価値をもち，それは売り手から見て情報と専門性のパワー資源となりうる。買い手は加工情報を受け取る代わりに依存を交換することになる。その加工情報と依存との交換は，組織間関係維持

図表 3　本稿における分析フレームワーク

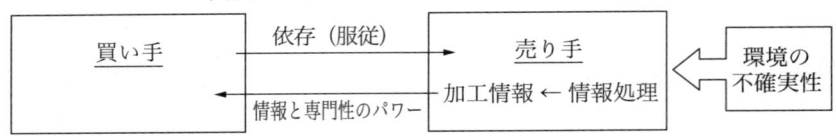

```
┌─────────┐  依存（服従）  ┌─────────┐           ┌─────────┐
│  買い手  │ ─────────────→│  売り手  │ ←──────── │ 環境の   │
│         │ ←─────────────│加工情報←情報処理│     │ 不確実性 │
└─────────┘ 情報と専門性のパワー └─────────┘       └─────────┘
```

における高い効果をもたらす。この内容を図示すると，図表3のようになる。

本稿では以下，この分析フレームワークを用い，実際の事例についての分析を行っていく。

3　事例研究[8]

3.1　A 銀行における ATM 更新事例

本事例では，既売り手のコンピュータ・メーカー X 社が最新技術を採用し，A 銀行グループ全体の収益向上を図るソリューション提案を行ったことにより，ATM 更新受注を得た事例について分析を行う。A 銀行及び本報告における関連組織の概要は以下の通りである。

A 銀行概要（2005 年 3 月 31 日現在）
　・都銀系第二地銀
　・資本金：113 億円，従業員：771 名，店舗数 70 ヵ所

X 社概要
　・コンピュータハードウェア，ソフトウェアの製造，販売
　・A 銀行の情報システムにおける既売り手。情報システムのほぼ全体を担当する（勘定系，情報系，ATM 等[9]）

Y 社概要
　・コンピュータハードウェア，ソフトウェアの製造，販売
　・A 銀行への情報システム納入実績は無し。ATM の納入を切り口に，A 銀行への新規参入を図る売り手

A 銀行のメイン営業エリアは全国屈指の工業地帯であるが，その大手製造業のほとんどが東京本社であり，A 銀行へはあまり取引がまわってこな

い。その上，長い景気の低迷で企業の業績は悪化し，A銀行の収益は落ち込む一方であった。A銀行は生き残りのためには地域に密着するしかないと考え，リレーションシップ・バンキング[10]に取り組み始めた。地元の起業家や大学生のアイデアに出資し，ベンチャー企業として育成したり，自社内からのスピンアウトを推進し，新たな企業を創出し，地域の活性化を図りつつ，自社の取引先を増やすという戦略に取り組んでいた。

A銀行のATMのみならず情報システム全体を長年にわたり一手に引き受けてきたのが，コンピュータ・メーカーX社である。しかしATMメーカーY社がA銀行への新規参入を図り，X社製ATMに無い新機能と低価格を武器に積極的な展開を図り，徐々に導入台数を伸ばし，ついにはX社製ATMの台数を抜き，過半数を占めるに至った。新規参入を図るY社は，ATM提案にとどまらず，手形管理システムなどのシステム構築についても受注を得た。Y社はさらに攻勢を強め，Y社幹部の頻繁なA銀行訪問による人脈構築，またA銀行への資本提携の提案などにより更なる深耕を図っていった。

このY社の攻勢に頭を悩ませていたX社の営業は，A銀行頭取との会話をヒントにあるアイデアを考えた。それは，ATMの画面に広告を流せるようにして，有償で広告を募ってはどうかというものであった。X社はすぐに自社の技術で製品開発が可能かどうかについて検討を開始し，以下のような3点を盛り込んだ提案を作成した。

① X社製のATMの画面に広告を流せるようにすること。
② 広告の募集，受注，コンテンツ作成については，A銀行のベンチャー企業にて行うこととし，A銀行グループの収益向上に寄与すること。
③ A銀行，X社共同にてビジネス・モデル特許にトライしX社にて他銀行へも販売し，その手数料がA銀行ベンチャー企業に落ちる仕組みを作ること。

これらX社による，最新技術を用いてA銀行グループ全体の収益向上を図る提案は高く評価され，受け入れられることとなった。また，広告配信に

より今後の ATM の運用，管理がさらに複雑化していくため，X 社による包括的アウトソーシングにて運用されることとなった。これにより Y 社が導入済みの ATM は撤去され，すべてを X 社 ATM にて導入，運用されることとなった。

3.2　化学製造業 B 社における基幹システム更新事例

本事例では，既設コンピュータ・メーカー Z 社が，自社製品にとらわれず，他社製品との組み合わせによる最適な提案を行ったこと，そして買い手の要求内容外の課題についての解決策も盛り込んだソリューション提案により，基幹システム更新受注を得た事例について分析を行う。B 社及び本報告における関連組織の概要は以下の通りである。

B 社概要（2005 年 3 月 31 日現在）
- プラスチックフィルムの製造販売，フィルム 2 次加工品の販売（総合化学メーカーの子会社）
- 資本金：16 億円，年商：110 億円，従業員：260 名

Z 社概要
- コンピュータハードウェア，ソフトウェアの製造，販売
- B 社の情報システムにおける既売り手。B 社の親会社の基幹システムについても納入している。

新システムを構築する以前の B 社の基幹システム（会計，人事，給与，労務，固定資産等）は，親会社の基幹システムを間借りして運用されてきた。親会社のシステムも Z 社製コンピュータのハードウェア，ソフトウェアを用いて開発されていた。生産，物流システムについては，Z 社製 UNIX サーバを用い，B 社にて自社開発したものである。新基幹システムを構築するに当たり，B 社が目指したのは以下の 3 点である。

① 固定費の削減による利益の拡大
② 他社提携や顧客，取引先との SCM 構築等による新しい事業ステージの作成

③ Web-EDI, SFA, SCM 等新しい事業戦略の実現

　これらの内容に沿って具体的な引き合い仕様書が作成され，既売り手Z社の他，新規参入を目指すコンピュータ・メーカー2社を含む計3社に引き合いが出された。Z社は，新基幹システムの構築のためには，親会社システムからのデータ移行や現行機能の実現，既存生産管理システムからの連携が必要と考え，それらをZ社が行えば適合性分析，システム構築，運用が効率的に実現可能であることを強くアピールしていくこととした。しかし，新システムの構築にあたり，Z社が必須作業と考えていたことはほとんどど必要ないとB社から指示されたため，Z社の優位点は薄れていった。B社からの指示は，業務改革を伴うシステム更新のため，既設システムの機能は意識しなくてもよい，親会社システムからのデータ移行は，親会社情報システム員により作業を実施するので特に考えなくても良い，既設生産管理システムとの連携は買い手B社にて実施するので，売り手はハードウェアの提供だけでよい，等であった。

　これらB社の方針によりZ社は苦戦を強いられるようになり，新たな受注シナリオ策定の必要性が出てきた。Z社は新たな受注シナリオを以下の通り策定した。

　機能：自社製品だけでなく，他社製品も組み合わせることにより買い手要求機能をクリアするとともに，さらなる低価格を実現する。

　SEの派遣：新システム導入にあたり，現在の買い手の体制では無理が生じると考え，既存生産システムの立ち上げに携わり，買い手より高い評価を得ているZ社のSEを派遣，常駐させることを提案する。

　追加提案：当初の引き合い内容には無かったが，度重なる商談の中で，現在熟練者の手作業で行っている需要予測をオートメーション化したいというニーズを持っていることを入手し，そのニーズへの対応を盛り込む。

　これらの提案により，競合他社の提案内容を機能，価格面ともに上回り，既設Z社がシステム更新案件について受注することになった。

4 発見事実と評価

4.1 既売り手が受注できた要因

既売り手の視点から，本研究の分析フレームワークを用いて事例の分析を行う。

(1) A銀行事例の場合

既売り手（X社）に負荷された環境の不確実性
- A銀行の生き残り戦略の変化（リレーションシップ・バンキングの強化，ベンチャー企業の育成等）
- 新たなコンピュータ・メーカーの取引参入とそのATMシェア拡大

既売り手の情報処理とその結果としての加工情報（情報のパワー）
- ATM画面に広告を流すというアイデア
- アイデアに対する技術的な検証
- アイデアを基にした，買い手グループの収益向上に寄与するビジネス・モデルの策定
- A銀行のコアコンピタンス以外の業務の委託運用の提案

(2) B社事例の場合

既売り手（Z社）に負荷された環境の不確実性
- B社が目指した新しい事業戦略
- B社のスキル向上による，買い手自身の作業範囲の拡大
- 業務改革を行うことによる，既情報システムを変革するという意思
- Z社製以外の低価格，同機能の他社製品の存在

既売り手の情報処理とその結果としての加工情報（情報のパワー）
- B社の要望に沿った，自社製品にこだわらないシステム構成の提案
- 運用における問題点の指摘とそれに対する対応の提案
- 買い手において顕在化していないニーズの掘り起こしとそれを解決す

るための追加提案

　これらを概観すると，A銀行事例における既売り手X社は，買い手が漫然と考えていた今後の経営課題（ベンチャー企業に新しいビジネス・モデルや業務を与えていきたい，グループ全体の収益が向上するビジネス・モデルを創り出したい等）に対し，「ITと付加サービスを通じて解決するビジネス技法」として，ATM画面を用いた広告配信，本業務においてのベンチャー企業の活用とグループ全体の収益向上への寄与，ATM運用のアウトソーシングというソリューション・ビジネス提案を行った。

　またB社事例における既売り手Z社は，当初，買い手の要求する機能にそのまま回答する形での提案を準備した。通常のシステム入れ替えと考え，既売り手の方が有利であると考えていたが，現状を否定する業務改革の一環としてのシステム入れ替えであるとの買い手の考えから，一転苦境に立たされる。そこで，ソリューション・ビジネスの視点から提案を練り直すことにした結果，機能は自社製品にこだわらず，高機能，低価格を実現させること，そしてこれまでの付き合いから得ていた情報から，買い手が望むと考えられる内容を追加して提案することで，状況を挽回させ，継続取引を得ることができた。

　これら事例から明らかになったことは，既売り手が買い手から継続取引を得て，組織間関係を維持していくためには，買い手が認識する問題やニーズに対応するだけでは難しいということが言える。それだけでは新規参入を図る競合他社との差別化要因もいちじるしく減少し，買い手が既売り手と継続取引する利点は希薄化する。

　それに対し，ソリューション・ビジネスでは，既売り手が買い手とのこれまでの付き合いから得てきた情報が有効であり，競合他社に対する大きな参入障壁にもなり得る。またソリューション・ビジネスが有効に機能する状況として，新技術，新機能の製品が出現した時点が考えられる。新技術，新機能の製品が出現すると，これまでオートメーション化されていなかった業務が新たにオートメーション化できる可能性が出てくる。新製品の出現時にお

いては，その技術や適用分野等多くの情報を売り手側が有している時期であり，その時期に買い手業務への適用を検討し，新たな経営課題とその解決策（ソリューション）として提案を行うことは，買い手との情報格差の創出を生み出し，買い手からの依存を獲得することにつながる。

このようにソリューション・ビジネスは売り手から買い手の経営課題の解決に向けた能動的な働きかけを行うことで，買い手との情報格差を創出し，買い手からの依存の獲得に寄与する。また，買い手業務へのIT技術の適用を検討する際，買い手内部を深く知る既売り手の方が，ソリューション提案を行う上で有利と言える。この結果，ソリューション・ビジネスは既売り手が継続取引を獲得し，組織間関係を維持していく上で，有効的な施策であることが明らかとなった。

4.2 今後のさらなる実証研究に向けた新たな分析フレームワークの検討

組織間関係維持におけるソリューション・ビジネスの有効性を検討するために用いた分析フレームワークでは，売り手の情報処理を行う上での分析視座に環境不確実性の負荷をあげていた。しかし，本稿における事例研究により，以下の新たな2つの分析視座が追加として指摘できる。

① 既売り手が持つ買い手情報の重要性。
② 既売り手が持つ自社内外の経営資源（技術開発能力，人材，自社内外とのネットワーク等）の重要性。

既売り手の情報処理のためには，このような点を基にした情報処理を行っていく必要があることが，本事例の分析より明らかになった。

また，昨今のソリューション・ビジネスとは，顧客の課題解決，問題解決と評されることが多く，売り手は顧客の課題，問題，ニーズを把握し，それに対してITと付加サービスを通じて解決すると多くは理解されている。つまり，ソリューション・ビジネスは買い手の問題を認識してから解決策としての情報技術の活用法を考える「演繹的思考」と考えられているのが特徴である。しかし，A銀行の事例では，買い手の問題を認識してから解決策を

考えるというよりも，担当営業のアイデアとX社の技術により先行的に提案した内容が，A銀行の潜在的なニーズと合致し，独占的な受注を得ることができたものである。つまり，「演繹的思考」でのソリューション提案よりむしろ，強力な解決技法である情報技術によって何ができるかという「帰納的思考」で行われた事例といえる。

またB社の事例では当初，売り手Z社は買い手B社のニーズを把握，理解し，そのニーズを実現するシステムを具現化し提案するという，いわゆる「演繹的思考」による提案を推進したが，実際の評価としては，既システムや現状の業務内容を熟知しているが故の保守的な提案内容になってしまい，競合他社の提案に対する差別化要因も少ない，評価の低い提案となってしまった。その反省から案件推進途中でZ社は「帰納的思考」に方針転換し，買い手のニーズを満たすだけの提案ではなく，売り手が持つ製品情報と，これまでの買い手との付き合いから得た情報を基に，Z社独自の提案を創造したところで，初めてZ社の提案が高い評価を得ることができた。

これらの事例分析から，ソリューション・ビジネスが買い手との情報格差を創造し，依存を獲得し，組織間関係維持に寄与する機能として働くためには，売り手が起点となった帰納的思考におけるソリューションの提案が重要であり，この点も新たな分析フレームワークに追加することが必要であろう。昨今，開発，製造，販売等経営全般において，「スピードの重視」「売り手からの提案型」等が求められているが，それは情報処理の結果による加工情報を，買い手との情報格差創出のパワー資源とするための必須の施策といえるのである。

また，買い手が認識するニーズには，顕在的ニーズと潜在的ニーズの2種類が考えられる。買い手が自ら認識する問題点への解決策が顕在的ニーズであるのに対し，買い手がまだ認識していない問題点への解決策が潜在的ニーズである。買い手に対し，情報格差をもたらし，依存を獲得するには，売り手が帰納的思考により，IT技術とその付加サービスを買い手のオートメーション化されていない業務への適用を検討し，提案していくことで，買い手

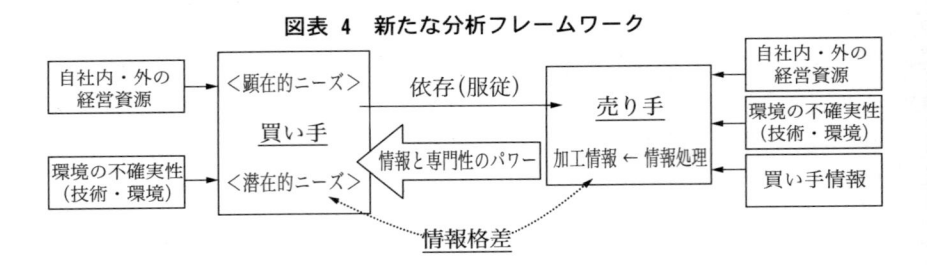

図表 4　新たな分析フレームワーク

[図：買い手（＜顕在的ニーズ＞／＜潜在的ニーズ＞）と売り手（加工情報←情報処理）の関係。買い手の左側に「自社内・外の経営資源」「環境の不確実性（技術・環境）」、売り手の右側に「自社内・外の経営資源」「環境の不確実性（技術・環境）」「買い手情報」。買い手から売り手へ「依存（服従）」、売り手から買い手へ「情報と専門性のパワー」、両者間に「情報格差」。]

の潜在的ニーズを具現化させていくのである。買い手から，提案されるまでは気づかなかったが，こんなものが欲しかった，と言わしめることが，情報格差の創出であり，依存獲得のパワー資源である。そのためには売り手の提案と買い手の潜在的ニーズとの適合，不適合の問題が情報格差創出の問題であり，分析フレームワークの重要な要因となろう。本章においてあげられた分析視座を先行研究のレビューにおいて提示した分析フレームワークに付加した，今後のさらなる実証研究に向けた新たな分析フレームワークを，図表4の通り提示する。

おわりに

本稿では，コンピュータ産業における組織間関係維持に向けた検討において，ソリューション・ビジネスを取り上げ，事例研究を行うことでその有効性について検討した。その結果，ソリューション・ビジネスは，環境不確実性の高い分野において売り手起点の提案を実施することで，買い手との情報格差を創出すること，また既売り手が持つ買い手情報が，買い手へのソリューション提案の作成に大きく寄与することから，組織間関係維持に対し有効的な施策であることが明らかとなった。そしてこの事例研究から得られた売り手の情報処理に作用する分析視座を考慮した，今後のさらなる実証研究のための分析フレームワークを提示した。

ソリューション・ビジネスの技法はコンピュータ産業の売り手にも高い期待を持って捉えられており，ほとんどの売り手において積極的に取り組まれ

ている。しかし，その成果には大きな違いがあり，それはさらなる検討の必要性を示唆している。

　また，組織向け情報システムを巡り，大幅値引きを提示し競合他社からの乗換えを促す施策も今までにも増して活発になっている[11]。このように競争が激化している現状において，既売り手はこれまで以上に有効的なソリューション提案を行い，買い手囲い込みの施策を推進するため，売り手の組織間において，どのような関係を維持していかなければならないかについても検討が必要であろう。その内容については自社内外の経営資源に注目し，自社開発戦略と他社との提携戦略との比較検討や，自社内外の経営資源と買い手情報との情報処理プロセス等に注目し，本稿で構築した分析フレームワークを用いて，さらなる実証研究を進めていきたい。

【謝辞】
　本稿の論文審査プロセスにおいて，匿名レフェリーの先生方から多くの貴重なコメントを頂きました。ここに記して心から感謝申し上げます。

〈注〉
1) 本稿は，日本経営教育学会第53回全国大会（2006年6月23日〜25日：和光大学）で行った筆者の自由論題報告内容を基にしている。
2) 本研究における「組織」は「企業」とほぼ同義である。先行研究については，買い手が組織である場合と個人である場合の区別無くレビューを行っているが，少なくとも組織間関係の維持に応用可能な知見を扱っていると考える。
3) 旧日本電子工業振興協会インターネットホームページ
　 (http://www.jeita.or.jp/japanese/index.htm)
4) 異なったコンピュータ間の互換性が無いコンピュータ・システム。
5) IBMは1942年に真空管式乗算器，1944年にハーバード大学とMark Ⅰを開発した。そして1946年には電子の流れを利用した世界初の汎用電子計算機ENIACが開発された。日本アイ・ビー・エム株式会社インターネットホームページ (http://www.ibm.com/jp/)
6) 異なったコンピュータと接続するための，標準規格化されたインターフェースを持つコンピュータ・システム。

7) ここで述べている「情報処理パラダイム」の基本前提は，Galbraith (1973) によるものであり，それによると情報処理パラダイムでは，組織ならびにその環境を一つの統一したイメージでとらえている。そのイメージとは，情報処理単位としての組織，そしてその組織に情報を負荷する情報の集合体・発生源としての環境といったものである。組織と環境をこのようにとらえると同時に，組織と環境との適合性関係は「組織の不確実性対処」といった視点から説明できるのではないかというのが情報処理パラダイムの基本前提となる。

8) 本事例研究では参与観察法を採用している。参与観察とは，調査者（観察者）自身が，調査（観察）対象となっている集団の生活に参加し，その一員としての役割を演じながら，そこに生起する事象を多角的に，長期にわたり観察する方法である（田尾・若林，2001）。本研究においての事例研究は，筆者が実際に携わった案件について報告している。守秘義務等の事情により社名が明らかになることを避けるため，匿名での組織名及び問題が生じない程度の情報に留めている。

9) 銀行の情報システムは勘定系と情報系に大別される。勘定系は預金取引，融資，為替業務などをつかさどり，情報系は顧客データ管理，口座の名寄せといった周辺業務を担う。

10) 金融機関が顧客との間で親密な関係を長く維持することにより顧客に関する情報を蓄積し，この情報を基に貸し出し等の金融サービスの提供を行うことで展開するビジネス。（「中小企業と創業者への資金供給・産業支援の育成システム構築調査報告書」財団法人中国産業活性化センター，2006）

11) 日本IBMは他社製の顧客に対し，自社製品を3割引で販売する。また，統合基幹業務システム（ERP）最大手のSAPジャパンは，他社製品の代金の75%を払い戻す方式を打ち出す。両社とも値引きで競合他社の顧客に乗り換えを促し，新規顧客の獲得を狙う（『日本経済新聞』2006年7月5日付朝刊）。

【略語】
IT：Information Technology
PC：Personal Computer
MIS：Management Information System
DSS：Decision Support System
OA：Office Automation
SIS：Strategic Information System
EUC：End User Computing
ERP：Enterprise Resource Planning
SCM：Supply Chain Management

CRM : Customer Relationship Management
KM : Knowledge Management　　　ATM : Automated Teller Machine
OS : Operating System　　　　　　EDI : Electronic Data Interchange
SFA : Sales Force Automation　　　SE : System Engineer

〈参考文献〉
日本語文献
荒川祐吉（1965）『現代配給論』千倉書房
石井淳蔵（1983）『流通におけるパワーと対立』千倉書房
石井淳蔵（1993）『マーケティングの神話』日本経済新聞社
石原武政（1981）「流通系列化の基礎条件」大阪市立大学『経営研究』Vol. 1 No. 2.
上原征彦（1999）『マーケティング戦略論』有斐閣
加護野忠男（1980）『経営組織の環境適応』白桃書房
坂本和一（1992）『コンピュータ産業―ガリヴァ支配の終焉―』有斐閣
澤井雅明（2006）「組織間関係維持に関する既関連研究の整理と検討」『広島大学マネジメント研究』第6号
嶋口充輝・石井淳蔵（1987）『現代マーケティング』有斐閣
嶋口充輝（1994）『顧客満足型マーケティングの構図―新しい企業成長の論理を求めて―』有斐閣
島田達巳・遠山曉編（2003）『情報技術と企業経営』学文社
田尾雅夫・若林直樹（2001）『組織調査ガイドブック』有斐閣
遠山曉・村田潔・岸眞理子（2003）『経営情報論』有斐閣
風呂勉（1968）『マーケティング・チャネル行動論』千倉書房
南知恵子（2005）『リレーションシップ・マーケティング―企業間における関係管理と資源移転―』千倉書房
山倉健嗣（1993）『組織間関係』有斐閣
余田拓郎（2000）『カスタマー・リレーションの戦略論理』白桃書房
和田充夫（1998）『関係性マーケティングの構図』有斐閣

英語文献
Berry, L. L. (1983) *Relationship Marketing, in Emerging Perspectives on Service Marketing*, American Marketing Association, Chicago, IL.
Copeland, M. T. (1924) *Principles of Merchandising*, Macmillan.
Duncan, C. S. (1992) *Marketing : Its Problems and Methods*, D. Appleton and

Company.

Etgar, M. (1977) "Channel Environment and Channel Leadership," *Journal of Marketing Research*, Vol. 14 (February).

Ford, D. Lars-Erik Gadde, Hakan Hakansson, Anders undgren, Ivan Snehota, Perter Turnbull, David Wilson (1998) *Managing Business Relationships*, John Wiley & Sons.（小宮路雅博訳（2001）『リレーションシップ・マネジメント―ビジネス・マーケットにおける関係性管理と戦略―』白桃書房）

Galbraith, J. (1973) *Designing Complex Organization, Reading*, Mass.: Addison Wesley.（梅津祐良訳（1980）『横断組織の設計』ダイヤモンド社）

Pfeffer, J. and Salancik, G. R. (1978) *The External Control of Organizations*, Harper & Row, Publishers.

Ridgeway, V. F. (1957), Administration of Manufacture-dealer System, *Administrative Scienc Quarterly*, Vol. 1 (March)

Stern, L. W. and A. I. El-Ansary (1977), *Marketing Channels*, Prentice Hall.

Thompson, J. D. (1967) *Organizations in Action*, McGraw-Hill.

A New Horizon of Management Education

Yoshio MATSUMOTO

Management Education was generally implemented by companies for their employees in order to educate them with necessary knowledge, ability and skills to conduct their jobs. Considering the change of values and ethos supporting modern industrial society, we need to adapt management education to values of postmodern society, fundamental values of organization, and values of each individuals. We need to expand the horizon of management education to include career education at elementary, middle, and higher education.

Moral issues of CEOs and business education

Nobuhisa OBU

This study focuses on the some rules about stopping corporations' unmoral issues, especially the spirit of the company law witch was started in May, 2007, by showing the functions of the CEOs' roles. It discusses on the corporate relations and corporate governance, the importance of compliance management, ability of independence and some difficult issues about managing internal compliance systems. At the end, some recommendations are showed related to the practice of compliance education.

Organizational Strategies of Venture Firms and Balloon-shaped Organizations: With the focus on venture firm surveys in Japan

Shigeo KATO

Since 1981, the author has been conducting questionnaire surveys targeting venture firms. To date, the numbers of the surveys conducted is seven.

Based on survey results, characteristics of the perspectives of business organization are described.

The focus is especially placed on discussions concerning the positioning of venture firms and the future direction which they should move toward from the results of replies to the surveys.

At the same time, the best forms of business organization, including venture firms and major companies, will be proposed.

Above all, it can be considered that the balloon-shaped organizations are the ideal form of Japanese business organization.

Modern Businesses and the Business System Approach

Katsuhiko SAKURAI

Among the issues attracting attentions in today's world are corporate social responsibility and corporate governance. Fruitful arguments on these issues require the quest for the meaning and future of modern corporations. Depending on the business system approach or the idea of business evolution, this article intends to indicate some clues to such quests. First, the general tendencies of the industrial society are briefly outlined. Next, the contemporary trends and problems in corporate social responsibility and corporate governance are considered. Then, the essential tendencies of large corporations are examined, using the business system approach. The idea of the evolution of corporations, the concept of the institutionalization of business enterprises and the model of the Advanced Social Corporation as the future corporation are shown. In conclusion, the significance of the business system approach for the search of the meaning of modern business and for the study on corporate social responsibility and corporate governance is again emphasized.

The Availability of the Approach from the Study of Cognition for Management Education

Masaya SAEKI

The Model "Framework of Cognition" deals with subjective and tacit knowledge of practical persons including middle managers. It does not provide them with systems of concepts on the practical world which are constructed by researchers in the scientific world. The model, however, supports them to construct their own systems of concepts from their own tacit knowledge.

In this paper, a training program for the middle management based on this approach is introduced. In this training program, measures of controlling their own cognition to come up with excellent management challenges are instructed. Actually, the ability to create new management challenges is so tacit that we cannot develop that of others without some fresh ideas. It is possible for us, however, to find some hints for them in the Model "Framework of Cognition."

Practical Management in Public High School

Yukiho SHIBATA

Organizational changes are an important issue for public schools as well as for business enterprises. The management system in public schools has been changed to match today's social, economic, and educational trends. However, except for only a few studies that have already been conducted, not much research has been conducted about the phenomena. This study is based on the model of "structural and human approach," which is referred to as the synthesizing approach in business economics. In this theory, organizational changes are defined not only as structural changes but behavior changes among members of the organizations.

The purpose of this paper is to compare practical management in public schools with theory. It can be considered that restructuring of segregation using stress of business analysis, middle-updown management and faculty development for the members of organizations are effective practical methods for generating school values.

An Introduction to Management Education Theory : Re-consideration of the Approach to Management Skills

Hirokazu TSUJIMURA

The aim of this paper is to clarify upon the most useful style of theory construction for management education. At the same time, suggestion will be made for the usefulness of case-studies and case-method for research concerning management skills. There are two major directions in scientific theory construction : induction and deduction. In the former, there is an inherent misunderstanding risks of dismissing a few exceptions in obtaining management skills on the average. In the latter, as management skill is understood functionally by inferring from superior concepts, the missing link is left between management functions and management skills. Both directions have the demerit of confusing the virtual reality with the reality. In contrast, the research on individual cases has the merit of creating new and real hypotheses.

Moral traps in organizations

Syusei NAKAMURA

One of the main issues in modern organizations is the moral issue. What kind of persons tend to be involved in this issue and what kind of factors trigger it in organizations? The aim of this paper is to indicate that any person has the potential for surpassing the acceptable limitations of morality in organizations. This paper calls such danger "moral traps" and categorizes them as the "unconscious trap," "trap in the gray zone," "trap in moral dilemma," "trap by organizational loyalty," "trap by temptation and pressure," and "trap as a means." This paper is based on the author's empirical experience at a corporation for 19 years and the theories of related issues pointed out by C. Barnard, L. Nash, L. Trevino, S. Milgram, and S. Gellerman.

Research on the Maintenance of Inter-organizational Relationships in Computer Industry

Masaaki SAWAI

The purpose of this research is to present an analysis framework for the future case studies while examining the validity which solution business brings about in examination of the maintenance of the inter-organizational relationships in computer industry. Consequently, solution business has been an effective measure for maintaining inter-organizational relationships. Moreover, the analysis framework for the future case studies will be indicated.

MANAGEMENT DEVELOPMENT
New Directions of Management Education

No. 10   March 2007

Edited by Nippon Academy of Management Education (NAME)
4-8-4, Iidabashi, Chiyoda-ku, Tokyo

CONTENTS

Moral issues of CEOs and business education ············Nobuhisa OBU   1
A New Horizon of Management Education ······Yoshio MATSUMOTO   19
Organizational Strategies of Venture Firms and Balloon-shaped Organizations: With the focus on venture firm surveys in Japan
   ··Shigeo KATO   39
Modern Businesses and the Business System Approach
   ···Katsuhiko SAKURAI   57
The Availability of the Approach from the Study of Cognition for Management Education ···Masaya SAEKI   81
Practical Management in Public High School ········Yukiho SHIBATA   99
An Introduction to Management Education Theory: Re-consideration of the Approach to Management Skills ········Hirokazu TSUJIMURA   121
Moral traps in organizations ····························Syusei NAKAMURA   139
Research on the Maintenance of Inter-organizational Relationships in Computer Industry ···Masaaki SAWAI   155

「編集後記」にかえて

　日本経営教育学会機関誌の第10号『経営教育の新機軸』が出来上がりました。光陰矢のごとしで、『経営教育年報』を廃して新たに発行した、本機関誌『経営教育研究』も十年という大きな節目の時を迎えました。

　本号は、昨春改訂された新しい執筆要領に基づいて、依頼論文4本と投稿論文5本の玉稿を収録することが出来ました。機関誌編集作業は、多くの皆様のご協力により、大変順調に進行してまいりました。

　ご多忙の折にもかかわらず、機関誌編集委員会からの論文執筆依頼を快諾され、速やかにご執筆いただきました飯富順久、松本芳男、加藤茂夫、桜井克彦の諸先生方には深謝申し上げます。

　ご投稿をいただきました論文に対しては、個々の論文に対応した専門分野における、先生方に査読のご依頼を申し上げました。査読の先生方からは、学会活動ならではの献身的かつ厳正な査読結果を頂戴いたしました。先生方は、正に「縁の下の力持ち」的な役割を担って下さいました。改めて、心からの感謝を申し上げます。

　今回はもう一歩のところで掲載させて頂くことができなかった投稿者の皆様には、特に再投稿される機会をお待ち申し上げております。本号の編集に際しましては、酒井勝男副委員長をはじめ編集委員の先生方には大変お世話になりました。深くお礼を申し上げます。また、とりわけ本機関誌の発行に対して並々ならぬご支援を頂きました、学文社の田中千津子社長他スタッフの皆様にも深甚の謝意を表します。

　最後に、本号の発行をはじめとする面倒な学会諸事務処理に関して、いつも変わらぬ真摯なご尽力をいただきました、本学会事務局の寿康三氏にも心より感謝を申し上げます。

2007年2月

日本経営教育学会機関誌委員会

委員長　森川信男

日本経営教育学会機関誌委員会			
委員長	森川　信男		
副委員長	酒井　勝男		
委　員	岩井　清治	海老沢　栄一	
	太田　三郎	河野　大機	
	手塚　公登	西田　芳克	
	平田　光弘	松本　芳男	
事務局	寿　康三		

〒102-0072　東京都千代田区飯田橋4-8-4
（株）山城経営研究所内
TEL：03-3264-2100
FAX：03-3234-9988
E-mail：name@kae-yamashiro.co.jp
http://www.j-keieikyoiku.jp/

経営教育研究 10──経営教育の新機軸
2007年3月30日発行

編　者　日本経営教育学会©
　　　　機関誌委員会
発行所　（株）学文社
発行者　田中　千津子
〒153-0064　東京都目黒区下目黒3-6-1
Tel. 03-3715-1501　Fax. 03-3715-2012
http://www.gakubunsha.com

ISBN 978-4-7620-1682-0

© 2007 NAME Printed in Japan